供应链金融

冉　湖　鲁威元　曹石金　李明昌◎著

中国铁道出版社有限公司
CHINA RAILWAY PUBLISHING HOUSE CO., LTD.

北　京

图书在版编目（CIP）数据

供应链金融/冉湖等著. —北京：中国铁道出版社
有限公司，2023.9
ISBN 978-7-113-30304-4

Ⅰ.①供… Ⅱ.①冉… Ⅲ.①供应链管理－金融业务－
研究 Ⅳ.①F252.2

中国国家版本馆 CIP 数据核字（2023）第 112319 号

书　　名：**供应链金融**
　　　　　GONGYINGLIAN JINRONG
作　　者：冉　湖　鲁威元　曹石金　李明昌

责任编辑：王　宏　　　编辑部电话：(010)51873038　　　电子邮箱：17037112@qq.com
封面设计：仙　境
责任校对：苗　丹
责任印制：赵星辰

出版发行：中国铁道出版社有限公司（100054,北京市西城区右安门西街 8 号）
印　　刷：北京联兴盛业印刷股份有限公司
版　　次：2023 年 9 月第 1 版　　2023 年 9 月第 1 次印刷
开　　本：710 mm×1 000 mm　1/16　印张：10.75　字数：136 千
书　　号：ISBN 978-7-113-30304-4
定　　价：59.80 元

前　言

供应链金融是指以核心企业信用为依托，以真实交易为背景，通过应收账款质押登记、第三方监管等专业手段封闭资金流或控制物权，为供应链上下游企业提供灵活运用的金融产品和服务，并有效整合物流、商流、资金流和信息流，从而充分地提高资金运行效率的一系列经营活动。

供应链和供应链金融的概念由来已久，但是发展并不算迅速，近年来得益于互联网的发展和时代发展的需要，使供应链及供应链金融逐渐成为热点。

当下，与供应链金融相关的探索与研究也正如火如荼地展开，但是有关供应链及供应链金融的相关内容大多晦涩难懂，缺乏阅读吸引力。本书秉持将供应链金融中晦涩、枯燥的内容以浅显、易懂的形式呈现出来的初衷和理念，以让更多需要学习该领域的读者能够快速地建立供应链及供应链金融相关知识的思维框架，获得自己所需要的知识和信息。

全书分为5篇，共13章。

第1篇主要介绍供应链平台搭建，包括第1~2章。在这一部分，读者可以了解什么是供应链,供应链技术在各个行业的应用;供应链应用端的应用情况;供应链平台的搭建方法、电商供应链平台,以及如何构建供应链生态。

第 2 篇主要介绍供应链金融的概念,包括第 3~6 章。在这一部分,读者可以了解供应链金融的概念、产生的背景、本质和特征、价值优势等;供应链金融发展的 3 个历程和 4 个发展趋势,以及其风险管理等相关内容。

第 3 篇主要介绍基于核心企业的供应链金融,包括第 7~9 章。在这一部分,首先介绍以核心企业为视角的供应链金融的相关内容,包括供应链中核心企业的特点、核心企业开展供应链金融的困境等内容;然后介绍基于核心企业的供应链的业务模式、业务流程和风险管理;最后介绍基于核心企业供应链金融的实践,分析供应链金融在各类型核心企业情境中的表现和作用,包括贸易企业、物流企业、生产企业、科技企业和电商企业。

第 4 篇主要介绍基于银行的供应链金融,包括第 10~12 章。在这一部分,主要介绍银行视角的供应链金融和基于银行的供应链金融,包括业务模式、业务体系、风险管理等内容;基于银行供应链金融的实践,包括资金管理和资产证券化。

第 5 篇主要介绍供应链金融相关的政策法规,包括第 13 章。在这一部分,主要从政策法规方面展现供应链金融发展的政策形势和政策支持及中央监管趋势。

供应链及供应链金融是一个方兴未艾又具挑战性的研究课题,且供应链金融业务处于不断创新与探索的过程中,理论与实践仍处于不断完善阶段,由于编者水平有限,书中难免有不足之处,欢迎广大读者监督指正。

编　者

目　录

第3篇 基于核心企业的供应链金融

第4篇　基于商业银行的供应链金融

第 5 篇　相关政策法规

第 1 篇

供应链平台搭建

第1章　供应链与供应链技术

从物流到供应链,从全球进入管理时代到进入供应链时代,供应链在社会经济发展中的作用从来没有如此重要过,尤其在新时代变革和特殊环境下,供应链技术更是发挥着难以比拟的价值和优势,其中蕴含着巨大的潜力和发展空间。

1.1　什么是供应链

随着全球经济的快速发展,企业间的竞争和合作逐渐演变为产业供应链之间的协同与发展。随着国际分工的不断深化和演变,跨国公司逐渐开始在全球范围内分配资源,供应链体系也处在发展和革新中。在这种情况下,衡量全球经济竞争力的一个重要指标就是供应链能否在全球竞争的格局中抢得先机。基于此,如何发展产业链、促进供应链的融合与创新发展,成为很多企业以及政府部门共同面对的新挑战。

供应链的概念

供应链的概念最先产生于 20 世纪 90 年代的欧美国家,它是随着物流管理发展应运而生的产物。20 世纪 80 年代中期,随着经济全球化和信息技术的快速发展,物流管理开始重视货物运输环节的信息共享和规划,以满足客户需求。20 世纪 90 年代后,互联网、人工智能、大数据应用等科学技术在物流管理中逐渐被广泛地应用,推动了物流管理理论的研究向更高层次升华。

进入 21 世纪,随着科学技术的发展和生产力的迅速提升,全球经济一体化的特征逐渐凸显,企业无国界化经营日趋明显,这些也使企业面临的经营环境发生重重变化。

①市场环境的变化。市场竞争日趋激烈而复杂,全球经济一体化和制造全球化趋势加剧。

②消费需求的变化。消费者更追求个性化、及时化、便利化、平民化的服务,顾客消费价值观发生了显著变化。

③企业合作关系的变化。从互为成本关系向互为伙伴关系过渡。同时,参与竞争的企业增多,国际竞争更加激烈。

④全球政治、经济和社会环境的变化。全球政治、经济和社会环境发生了巨大改变,给企业发展带来了更多挑战。

这些变化导致整个市场需求的不确定性不断增加。企业界开始认识到,为了充分满足消费者需求的变化,也为了能够更好地发展企业,物流需要有效地协调好资金流、信息流、工作流,而且,这种协调不仅要发生在企业内部,还要有效地在由上下游企业和最终用户组成的供应链上密切合作,并且通过所有供应链参与者的共同努力实现生产、流通等全过程效率的提高。在这种时代背景下,供应链这一概念也被越来越多人提到。

关于供应链的概念,有很多版本。

> 美国供应链协会对供应链的定义为:供应链是指涉及从供应商到顾客的最终产品生产与交付的一切努力。供应链管理包括贯穿于整个渠道来管理供应链与需求、原材料与零部件采购、制造与装配、仓储与存货跟踪、订单录入与管理、分销,以及向顾客交货等过程。

中华人民共和国国家标准《物流术语》(GB/T 18354—2021)对供应链的定义是:生产及流通过程中,由所涉及的原材料供应商、制造商、分销商、零售商直到最终用户等形成的网链结构。

综合来看,供应链是围绕核心企业展开,通过有效控制信息流、物流、资金流,从原材料采购环节开始,再制作成中间产品和最终产品,最后通过销售网络由产品送到最终用户手中的由供应商、制造商、分销商、零售商和最终顾客连成的一个完整的功能网链结构,如图1-1所示。

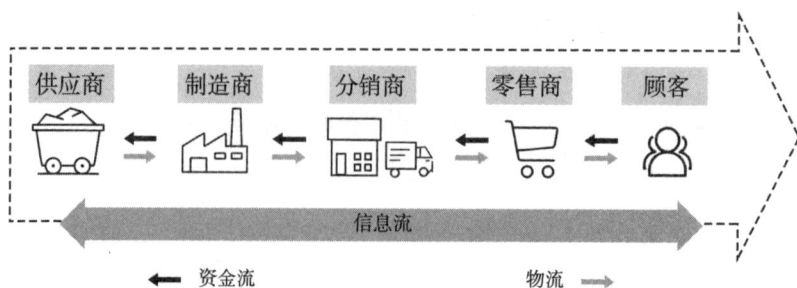

图 1-1　供应链结构

供应链发展的三个阶段

供应链的发展可分为三个阶段,如图 1-2 所示。

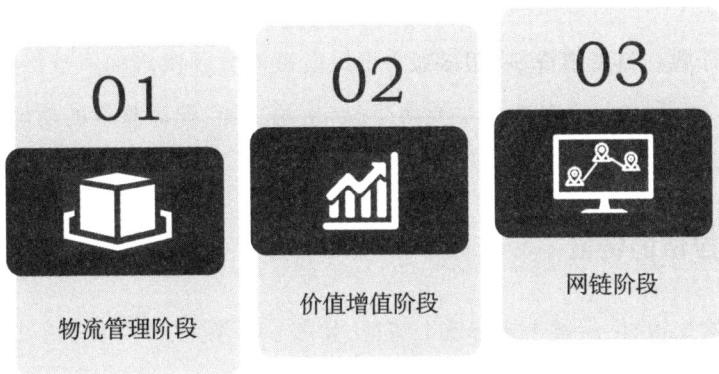

图 1-2　供应链发展的三个阶段

（1）物流管理阶段

在物流管理阶段,供应链所承担的功能更多地表现为物流的价值,主要是指将采购的原材料和零部件通过生产转换和销售等活动传递到用户。此时,供应链主要涉及原材料采购、库存、生产以及分储部门的职能协调等问题,其主要目的是降低物流成本、优化企业内部的业务流程,从而提高经营效率。

（2）价值增值阶段

20 世纪 90 年代,供应链的内涵发生了新的变化,消费者和最终用户被纳入供应链的范围,因此,供应链不再局限于生产过程,而是变成了一个涵盖整个产品的原材料采购、生产和流通过程的增值链。

（3）网链阶段

随着信息技术的快速发展和产业发展中不确定因素的增多,企业间的关系也从线性的单链转向非线性的网链。此时,人们对供应链的认识也呈现出网链性的特点,这也使得供应链的内涵更加注重围绕核心企业的网链关系。在这一发展阶段中,供应链的概念已经得到很大的扩展和提升,它已经不同于传统的销售链,也不再只是困囿在企业界限内,而是开始从全局和整体的角度考量产品经营的竞争力,此时,供应链也从一种运作工具蜕变为一种管理方法体系,一种运营管理思维和模式。

从以上三个阶段看,供应链的内涵和外延从 20 世纪 80 年代后期开始逐渐得到扩展。但是值得强调的是,无论供应链的管理模式如何被推陈出新,由其定义蕴涵的三个基本的主要功能(转换的功能、资源整合的功能和同步协调的功能)仍然历久弥新。

供应链的特征

通常来说,供应链主要有五个特征,如图 1-3 所示。

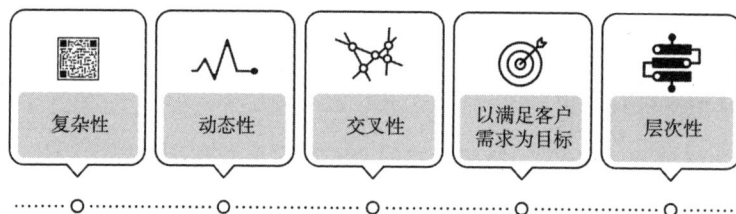

图 1-3　供应链的五个特征

(1)复杂性

供应链通常涵盖了各种类型、各个地域的企业,与单个企业相比,供应链在结构、规模、管理模式等方面更为复杂。

(2)动态性

由于市场环境的复杂多变,供应链上的企业要想适应多变的环境,就需要实时的动态更新,从而实现供应链的整体最优。

(3)交叉性

供应链中存在很多的节点企业,这些节点企业因为可能处在多个供应链上,常常既是 A 供应链的成员,同时又是 B 供应链的成员,从而形成了众多供应链相互交叉的特征。

（4）以满足客户需求为目标

无论其内涵如何延伸，如何运作，供应链都是以满足末端客户需求为目标的。

（5）层次性

供应链中的参与企业，根据其在供应链中的地位不同、作用不同，可分为核心主体企业、非核心企业和非主体企业，并以此呈现一定的层次性。

总之，随着信息技术的快速发展和外部竞争环境的变化更迭，供应链发挥了更重要的价值，它以"链"的形式将供应商、制造商、销售商有效地连接起来，以更好地实现资源和技术共享，提高经营效率。现代企业要想获得更大的竞争优势，就需要打破"大而全""小而全"的旧模式，通过改变和整合业务流程，与供应商、销售商以及客户建立协同的业务伙伴联盟，从而让企业在复杂的市场环境中获得更多的竞争优势。

1.2　供应链技术的行业应用

供应链技术的独特价值和优势，使得它在很多行业领域得到应用，目前主要包括生产运营领域、贸易流通领域、物流领域、电子商务领域。

生产运营领域

随着时代的快速发展和消费者需求的变化，生产运营呈现出"以服务为主导"的发展趋势。越来越多的生产企业开始从单纯提供产品转变为提供产品和服务，继而提供服务解决方案。在这一背景下，供应链金融被越来越多地应用到生产运营领域，成为发展产业供应链的强劲动力。

生产性服务业的特征是并不直接向消费者提供服务，而是依附于制造企业而存在，与工业生产密切相关的配套服务业，是独立于生产部门而发展出来的新兴行业。

生产性服务业通常被划分为知识密集型产业、技术密集型产业和资本密集型产业,其生产运营领域也划分为业务流程导向型服务、技术应用整合型服务、系统集成打包型服务等三种形态。

(1)业务流程导向型服务

业务流程导向型服务是指企业采用协同思维,将相关业务活动有效地整合到客户服务或业务流程中,通过充分协调经营流程以满足客户需求,从而降低经营成本,最终实现客户价值增值,并因此与客户维持良好的合作关系。

(2)技术应用整合型服务

技术应用整合型服务是指企业为满足客户差异化和动态化等特定需求,向客户提供的从基础产品到一系列的针对性技术服务的解决方案,其特点是通过整合技术应用,能够有效地提升企业内部运作的灵活性,使企业充分发挥自身的技术产品能力,以便更好满足市场需求。

(3)系统集成打包型服务

系统集成打包型服务是指企业为满足客户特定需求,通过有效地整合相关业务活动和技术应用等资源、能力和知识而提供的总体解决方案。它的优点是通过系统集成和打包,综合了业务流程和技术应用两类服务的特点。系统集成是指通过提供全方位解决方案实现综合价值。打包则是指一揽子提供给客户需要的所有相关服务。系统集成打包型服务的缺点是对企业的经济和实践基础要求比较高。

贸易流通领域

随着生产企业结构的变化和零售业在整个流通产业链的地位改变,流通企业面临新的挑战,原有的贸易流通业务趋向萎缩,传统的流通企业在快速发展的市场中生存空间被严重挤压。

随着市场对综合流通机能的需求日益增大,拥有多种类经营的综合性流通企业迎来了新的发展机遇。那么,贸易流通企业究竟需要具备什么样的能力,才能抓住新的机遇得以长远发展呢? 具体来说,应当具备如下三种能力:

(1)供应链运营能力

供应链运营能力是指流通企业在分销物流运作中面向市场所表现出来的能力和绩效,包括产品可得性或库存控制能力、管理订单周期能力、分销系统的柔性和网络运营能力、客户应变能力和信息处理能力。

此外,竞争性价格也是决定分销绩效和流通企业竞争力的关键因素。因此,流通企业能高效率、高质量地完成客户服务,也是其供应链运营能力的直接表现。

(2)关系维系和拓展能力

关系维系和拓展能力主要指流通企业与供应商或下游客户之间的关系建立和发展的能力,它能够稳定流通供应链的结构,并最终实现良好的分销绩效。但是这种能力也有局限之处,只有企业愿意为此做出投资才有可能从供应链中提高经营绩效。此外,关系维系和拓展能力能够维持长期合作关系和实现经营绩效,其衡量因素除了信任之外,还有关系连续性和信息共享两个变量因素。

(3)交易流程建构能力

通常,交易流程建构能力可以反映流通企业交易流程的顺畅度和市场的拓展程度。基于供应商产品的质量和可靠性,其对分销服务乃至企业的绩效都具有较大影响,尤其是供需的匹配和整合是很多企业都关注的能力要素。企业的销售、营销、财务、运营各部门共同制定最贴近需求的年度预测,并实现业务目标。

除了上述能力外,一些学者也提出成本控制能力是流通企业的主要绩效指标,它与其他能力相结合共同决定流通企业的运作绩效。

物流领域

传化集团董事长徐冠巨曾表示,供应链效能提升是现代流通体系建设、构建新发展格局的核心环节。物流领域结合供应链金融,运用现代数字技术,可以有效地提升供应链效能。

具体来说,供应链技术在物流领域的应用表现在以下两点:

> ①供应链技术有助于维持物流领域各个利益相关者之间的动态关系。随着技术的发展,物流领域自动化运用程度的提高极大地提高了工作效率,同时,供应链的透明度和可追溯性的提高,在很大程度上能够有效维持物流领域的各个利益相关者之间的灵活动态关系。
>
> ②供应链技术有助于提高物流产业上下游企业的风险控制能力。在物流领域中,企业之间的生产关系较为复杂,常常会受到来自经济、政治和社会等因素的影响而遭受信任问题的困扰。"供应链 + 区块链技术"的共识机制可以很好地解决这一问题,通过构建充分保护各方隐私的开放网络,可以使上下游的物流企业加强对彼此的信任,提高物流产业上下游企业的风险控制能力。

电子商务领域

互联网技术推动了企业间业务活动的整合,尤其是电子商务的发展大力促进了供应链中的信息分享、知识创造和组织方式的变革。要想了解供应链技术在电子商务领域的应用,必须先了解电子商务供应链是什么。

电子商务供应链是一种集信息化、现代化、社会化和多层次于一身的供应链模式,其主要服务对象是电子商务企业,它的功能是利用先进的互联网技术管理供应链上企业间的计划、采购、生产协作、库存、物流、销售、售后服务等一系列活动，同时构建即时通信系统。

一般情况下，电子商务供应链由一家核心企业及多家参与企业共同构建，通过利用互联网和现代电子商务技术，实现透明运营、提升决断能力、提高运营效率、降低运营成本、减少交付延迟、拓宽销售渠道及提高销售服务水平等目的，以达到有效地提升企业的市场竞争能力和满足客户需求。

随着互联网时代的到来，企业之间的竞争逐渐演变为供应链之间的竞争，电子商务供应链应运而生。同样，电子商务的发展也给供应链技术带来了巨大影响。从整体上看，电子商务对供应链的影响表现在打破职能和组织之间的壁垒，整合性地协调供应链活动，具体表现在以下三点：

①电子商务弥补了传统供应链的不足，并加快了供应链发展。通常，传统的供应链管理要建立在专有网络上，需要投入大量的资金，只有具备实力的大型企业才能够构建，中小企业往往力不从心。电子商务通过全球化网络共享可以让中小型企业以较低的成本加入全球化供应链中。并且，电子商务凭借先进的电子商务技术和网络平台，实现业务和信息的集成和分享，有效地改善了传统供应链中的孤岛现象。

②提高供应链融资效率。随着平台交易规模的扩大，电子商务提供了大量、有效的交易数据资源，包括基础的运输、物流、仓储数据，很大程度上把控了风险，为中小企业的风险控制提供了可靠的支持，提高了供应链融资的效率。

③满足了中小微型企业的个性化融资需求。由于电子商务自身的经营特点，它们往往对资金的需求呈现额度小、频次大、灵活性强的特点，而这些特点也使得电子商务供应链金融的发展能够更好地满足中小微型企业的个性化融资需求。

供应链技术在以上领域得到广泛应用,同时这些行业的发展也进一步促进了供应链的发展,两者相辅相成,共同成就。

1.3　供应链应用端

从物流与供应链诞生的那一刻起,其在发展的 30~50 年间,虽然经历了技术变革与商业模式变革,经历了从配送到物流、从物流到供应链的量变到质变的转变,但是供应链运作的基本原则或者说主要目的始终是以最低的成本提高最好的服务,尤其是随着人们越来越频繁地使用应用端,并在应用端完成更多的事项,供应链也在应用端为用户提供更好的服务,让用户体验方便和快捷。

优化订单处理环节

大多数中小微型物流企业存在规模小、分布散、管理混乱、服务差等问题,其业务规模难以匹配仓配服务,行业信息化低。应用数字化、线上化等科学技术的供应链平台让企业物流有效地解决了这些问题,帮助它们实现一键发货、一单到底。全流程线上化将信息化手段植入供应链全流程,告别了过去手工订单的传统媒介方式。

以一单到底举例。发货方在收到应用端的系统提示后会在物流系统平台发货,然后系统会根据生成订单的需求自动匹配最合适的物流公司,接着物流公司会收到订单信息并提货,最后将货物按照订单要求送至收货人。

优化追踪查询环节

随着人们对货物商品的真实性及流通过程越来越重视,供应链的透明化使平台和客户更容易跟踪货物产品是通过什么方式、什么时候到达客户的。现有的没有采用"供应链+区块链"的系统,不能够实现药厂、分销商、监管机构的数据打通,所有人都不能端到端跟踪供应链过程,在这种情况下,不论是非法假药进入供应链,还是供应链上药品的短缺,都不能够被及时发现。

在供应链应用端中,由于每个产品都被实时跟踪,杜绝了非法药品进入供应链的机会。另外,人们也可以通过供应链追踪查询货物情况,例如,药店或者病人可以通过下载某个特定的手机应用程序来对药品扫码验真,这种手机应用程序任何人都可以免费下载安装使用。如果监管机构或者药厂将任何一个药品标识为不适合使用或者在药品交易过程中出现不一致的情况,消费者就会收到警告,将所购产品退回。

优化结算和支付环节

在结算和支付环节,供应链同样发挥着重要作用。

以汽车结算和支付领域为例,供应链结合区块链技术能保证充电、停车、保险等过程的安全结算。比如,客户充电之后,系统自动触发智能合约,完成交易结算,客户账户自动完成扣费支付给充电站。此外,这种结算方式也可以用于停车场的月租结算、汽车保险等任意一种汽车消费。

在未来,车内结算可能是一个发展趋势,有些车厂已经公布了采用车内支付系统的计划,车载钱包可以帮助车主在车内解决所有交易的问题。比如,将一系列 App 嵌入车载导航系统里面,车主就可以预订酒店,购买电影票,还可以完成更多的消费结算和支付。

综上,未来供应链在应用端的发展将大有可为,能够进一步为企业和用户提供更优质的服务,发挥出更大的价值。

第2章　供应链平台的构建

要想更好地整合产业的上下游资源,促进商流、物流、信息流、资金流四流无缝衔接,形成产业大数据,充分地发挥供应链技术的价值,就需要构建供应链平台,包括搭建供应链平台、电商供应链平台和构建供应链生态等。

2.1　如何搭建供应链平台

如何搭建一个完整高效的供应链平台是一个庞大而复杂的问题。供应链中不同类型的企业其内部可能千差万别,如果仅仅用一个标准或用一个模板来搭建供应链平台,各个企业往往很难发挥其独特的价值。

尽管如此,我们依然可以找到供应链平台的一些共性,为搭建供应链平台提供一些参考。

关注客户价值

企业从创立到发展,都在为各方(包括客户、员工、股东、社会)创造价值,这是企业的生存之本,也是供应链管理的初心所在,但是不少企业往往忽视了客户价值在搭建供应链平台中的位置和作用。比如,很多企业把成本作为供应链的最高战略,但是它与客户价值并没有明确的关联。

在搭建供应链平台时,企业一定不能忽视客户价值的重要性,要重视客户价值在供应链平台中的位置和作用,某种程度上说,越是重视客户价值,越是能够打造出具有效用的供应链平台。

关注核心企业

通常来说,供应链金融的参与主体主要有:核心企业、融资企业、金融机构和第三方物流公司以及其他参与主体,在这其中,核心企业在整个供应链条中发挥着重要作用,它也是金融机构提供金融服务的关键所在。

核心企业是供应链中的主导企业,它通过某种共同利益把相关企业整合起来,具有很强的凝聚力和掌控能力。在整个供应链中,核心企业居于核心地位,通常充当供应链条的组织者、协调者和管理者,对形成长期稳定的战略合作关系起着决定性作用。基于此,企业在搭建供应链平台时,一定要重点关注核心企业。

关注组织架构体系和人才建设机制

虽然不同企业的组织结构体系有差异,但是,可以明确的一点是供应链的组织架构要做到"合、分"相统一。

"合"是指成员企业之间的资源整合。例如,平台可以统一管理成员企业的采购、生产、物流、计划等职能部门,有效利用成员企业之间的优势资源以提升协作能力及运营效率。

"分"是指细分成员企业的优势资源加以利用,提高职能部门的专业化水平。例如,平台把采购部门划分为 A 企业负责采购质量管理部门、B 企业负责采购执行部门,让成员企业相互制衡,有效规避决策和运营风险。在某种程度上,"合"和"分"的目的是兼顾效率和风险,其标准根据供应链的行业特性来决定。

除了要关注供应链管理组织架构体系外,企业还需要关注人才建设。人才是执行供应链平台搭建任务的主体,其能力与搭建供应链平台的完善程度息息相关。供应链平台搭建的专业化程度比较高,优秀的专业人才起到至关重要的作用。

完善供应链风险控制流程

供应链平台中成员企业的差异化决定了其面临的风险和各种不确定性更大,其遭遇风险侵袭的概率更大,这就需要建立完善的供应链风险控制流程。首先,将风险进行分类,分为内部风险和外部风险。其中,内部风险包括决策失误、管理不当和道德风险等;外部风险包括政治、经济、法律及市场风险等。其次,根据风险类型制定具有针对性的风险防控措施和风险管控流程,从而最大化地降低风险成本。

企业在搭建供应链平台时不仅要重点关注以上几点,更要在搭建供应链平台的过程中积极落实下去,以搭建出一个有价值、能够发挥作用的供应链平台。

2.2　电商供应链平台

互联网和信息技术的迅猛发展为社会经济带来了翻天覆地的变化,这种变化还反映在电商供应链平台上。传统供应链金融业务模式中,银行等金融机构扮演着向上下游企业提供融资服务的角色,但是随着互联网平台

的发展,电商供应链平台在中小微型企业融资市场有着更广阔的发展空间,其主要表现在以下两个方面:

> ①中小微型企业数量和规模的增长,使其融资需求变得更加旺盛和急迫。但是,传统的银行等金融机构难以完全覆盖中小微型企业的融资需求。
>
> 互联网大数据技术的发展,使电商平台可以有效地掌握中小微型融资企业的资金流、物流、票据凭证等信息,对中小微型企业的融资风险能够做到更精确的预控。同时,供应链由具有一定经济实力的核心企业作为主导企业,提高了中小微型成员企业的市场生存能力和竞争力,降低了中小微型成员企业的融资风险。这就使得电商平台积极推动将中小微型融资企业纳入供应链金融业务。
>
> ②相较于门槛高、融资慢的银行等金融机构来说,电商平台的门槛低、效率高,中小微型融资企业更青睐由电商平台提供的融资服务。

由此可见,电商平台的供应链金融业务拥有广阔的发展前景。具体来说,电商平台提供供应链金融服务的方式主要有两种,即电商平台与核心企业合作模式、核心企业自建平台模式。

电商平台与核心企业合作模式

由供应链中的核心企业提供担保,电商平台为供应链成员企业提供融资服务。我们通过苏宁易购的案例分析一下这种合作模式的特点和操作方式。

> 在电子商务领域,苏宁易购的供应链金融服务也是基于供应商与苏宁易购之间真实、连续的交易背景而存在的,银行根据苏宁易购

良好的商业信誉向苏宁易购供应商提供融资。而苏宁易购供应链金融也会把银行的金融产品巧妙地融入苏宁易购特有的业务模式中，并为不同需求的供应商量身设定融资产品。

此外，在这个供应链中，供应商也会将融资计划提供给苏宁易购并成为苏宁易购供应链融资俱乐部的资质会员，然后选择符合自己需求的融资产品及合作银行，当与自己心仪的银行签约合作后，会提出融资申请。银行在收到申请后，会根据供应商资质决定放款金额并发放贷款，最后到期时苏宁易购按结算清单金额付款至供应商融资专户，此时银行扣除供应商融资金额，与供应商进行尾款结算。

其具体的模式如图 2-1 所示：首先由苏宁易购根据需求向供应商发布采购订单，供应商根据订单需求将产品配送至苏宁易购，然后苏宁易购会将结算清单等单据传递给商业银行，银行会根据供应商的信用情况给予资金放贷；到指定期限后，苏宁易购会将货款支付到供应商在银行的账户，银行也能从中获得相应的收益。

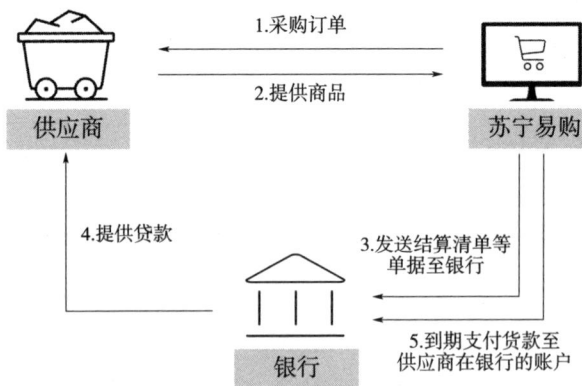

图 2-1　苏宁易购的供应链金融服务

可以看出,通过供应链金融服务,一方面使苏宁易购有效地稳定了供货来源,使得供需关系得以延续;另一方面供应商也能从中获得所需的资金,维持生产经营的需要。同时,商业银行也在其中通过与苏宁易购的合作,获得新的发展机会。

核心企业自建平台模式

有的核心企业会通过自建平台模式,为其产业上下游的企业提供融资服务。我们以京东的供应链平台为例分析一下核心企业自建平台模式的特点和操作方式。

> 2004 年 1 月,京东开始涉足电子商务领域,正式开通京东多媒体网,在随后的时间里,创造了一个又一个奇迹,而这一切都离不开京东供应链金融模式。
>
> 京东的供应链金融是依靠其庞大的自有和开放电子商务平台建立起来的,除了经营规模大、品类丰富外,京东还自建了包括物流中心、配送站点、自提点组成的范围覆盖全国的物流体系,并且通过自建的电子商务供应链不断地展开供应链金融业务。正是因为京东的电子商务平台以及物流体系十分庞大,且掌握了真实、有效的交易信息,因此其供应链金融才能顺利地开展业务,为客户提供产品和服务。具体来说,京东的供应链金融业务主要有以下几种形式:
>
> ①订单融资模式。订单融资模式是京东根据其向供应商发出的采购订单,协助商业银行向供应商提供货物采购、生产和装运等过程的资金需求。该模式的优势在于在满足供应商备货融资需求的同时,又解决了供应商资金短缺的问题,从而有效提高企业接受订单的能力。
>
> ②入库单融资模式。入库单融资模式是以进入京东库存的入库单、仓单等货权凭证为质押物为供应商提供融资服务的模式。该业务

模式的优势在于共享京东授信,可循环额度。此外,放款快捷,较短时间就能使供应商获得融资。

③应收账款融资模式。应收账款融资模式是将供应商针对京东的应收账款债权转让或质押给金融机构,并获得融资服务的方式。这种融资模式的优势在于能够有效地降低融资成本,并加快资金周转效率。

④委托贷款模式。委托贷款模式是京东提供资金,由银行代为向供应商发放、监督使用并协助收回的融资业务方式,该模式主要针对短时间无法获得银行授信,急需使用流动资金的供应商。这种融资模式的优势在于解决了有融资需求的供应链在传统融资模式难以获得融资的窘境,并且帮助供应商加速了资金周转,增加业务利润。

⑤京保贝模式。京保贝模式是京东的一种新型的供应链金融服务,其融资的资金完全来自京东的自有资金,随借随贷,而且无须抵押担保,从而解决供应商现金流问题,缓解其资金压力。

从京东供应链金融模式可以看出,京东凭借其自身电子商务平台和物流网络体系,有效地控制融资风险,并且拓展了其经营的规模和范围,获得了更广阔的发展空间。

总之,电商供应链平台与企业发展相辅相成,相互成就,尤其是在中小微型企业融资领域,电商供应链平台正在发挥其独特且难以比拟的价值。

2.3 供应链生态的构建

供应链平台发展需要供应链金融支持,而供应链金融的运营离不开一个良好的供应链生态环境,基于此,要想持续健康地发展供应链金融,必须构建供应链金融生态系统。

通常来说,供应链金融生态系统可以划分为三个部分:宏观层面的环境影响者、产业层面的结构参与者和微观层面的结构参与者,这三个部分构建出一个动态平衡的供应链金融生态系统,如图 2-2 所示。

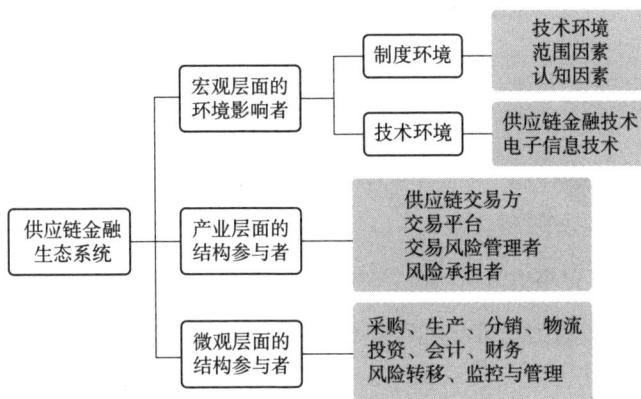

图 2-2　供应链金融生态系统

宏观层面的环境影响者

宏观层面的环境影响者不是具体指某个特定的主体,而是指推动环境发展的个体或组织。宏观环境影响者主要有两类:一是制度环境;二是技术环境。

(1)制度环境

制度环境一般有着限制人们互相交往的规则,对社会经济增长起到决定性的作用。组织理论学者通过研究制度环境,提出了制度包括三个维度,即管制、规范与认知。其中,管制与法律法规或类似的细则有关,它利用奖励与惩罚机制来约束人的行为;规范与社会责任有关,主要侧重于社会规范和群体共享的价值观内容;认知与社会构建事实有关,属于人们对外部事实的了解,主要依靠学习模仿,表现为对流行价值观、说教等内容的认同。

在供应链金融生态系统中,以上三种制度维度的影响也有所体现,主要为政府制定的法律法规、社会经济道德、形成社会性约束的第三方体系或市场惯例等。

（2）技术环境

技术环境包括电子信息技术和供应链管理技术等。供应链金融生态系统的构建需要以完善的电子信息技术为支撑,电子信息技术能够为供应链金融生态系统的参与者即时提供供应链资金流、物流、信息流及融资风险等信息。

产业层面的结构参与者

产业层面的结构参与者主要包括供应链交易方、交易平台、交易风险管理者和风险承担者四种类型。

（1）供应链交易方

供应链的活动主要发生在生产制造企业、贸易流通企业、物流服务企业与消费者之间。

> ①生产制造企业的主要工作是对商品的设计开发、生产和质量管理。
>
> ②贸易流通企业的主要工作是通过对商品购进、销售、调拨、储存(包括运输)等业务实现商品流转。
>
> ③物流服务企业的主要工作是对供应链的商品进行流通、配送。物流服务企业在过去通常只是提供运输以及仓储服务,但是随着物流产业的迅速发展,物流服务提供商的服务范围也得到了极大的扩展,比如增加了支付或者售后服务等。
>
> ④消费者可以是最终用户,也可以是其他公司。

除了这些参与者外,供应链上还存在特定的金融服务商、商业银行和投资者等参与者,它们各司其职又相互合作,为链上其他参与者提供协助。

（2）交易平台

交易平台的主要职能是为供应链金融提供支持服务,包括为风险承担者提供电子账单与传递资金交易信息。交易平台能够向供应链交易各方及时、有效地传递交易订单、票据与应收应付账款等信息,以及提供信用保障。

（3）交易风险管理者

交易风险管理者通常拥有庞大的订单交易和物流数据,并将这些信息进行审核、分析后呈现给投资者作为相应的决策凭据,其主要职责包括整合物流数据、推动信息技术和大数据的运用、提供信用支撑和促进融资行为等。

（4）风险承担者

风险承担者是指供应链金融中直接提供融资资源的主体,包括商业银行、投资机构、保险公司等,其主要职能包括风险管理、资金放贷等。

微观层面的结构参与者

供应链上的微观结构参与者是指运营活动所涉及的所有执行者,比如采购、生产、分销、物流、风险控制和财务等。

除了以上三个部分,大数据、区块链技术、AI 可视技术的发展也为构建供应链生态系统做出了重要的贡献。以区块链技术为例,区块链对供应链生态的影响表现在以下四点:

> ①区块链信息难以篡改,有利于供应链的防伪溯源。
>
> ②区块链各个节点的信息完全一致,降低信息不对称出现的频率。
>
> ③区块链节点的数据自动更新,加快物流和信息流的运转速度。
>
> ④区块链的"智能合约"运作,可以降低交易风险,减少相关的人力投入和信任成本。

此外,大数据和 AI 可视技术的发展同样对供应链生态的发展大有裨益。在未来,随着大数据和区块链技术、AI 可视技术等各种技术的发展和完善,也会让供应链技术如虎添翼,使其创造更大的价值。

第 2 篇

供应链金融概念

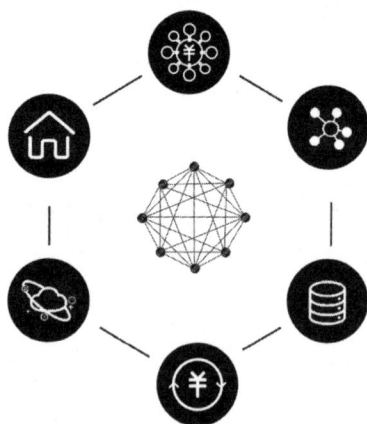

第3章 供应链金融到底是什么

融资难问题一直是很多企业,尤其是中小微型企业发展的一大困难。中小微型企业由于规模小、实力弱,现金流容易出现紧张甚至断裂的情况。在此背景下,供应链金融成了中小微型企业有效的支撑力量。

不同于以往的传统银行借贷常见的局限和弊端,供应链金融以其独特的优势能较好地解决中小微型企业因经营不稳定、信用不足、资产欠缺等各种因素导致的融资难问题。

3.1 供应链金融产生的背景

从第1章第1节的相关内容,我们了解到伴随经济全球化和信息技术的发展,物流管理开始关注用户需求,也更注重各环节间的信息共享和规划。进入20世纪90年代,各种新技术的推陈出新和应用推动物流管理攀上更高一阶台阶。随着赊销贸易在国际及国内的蔓延,处于供应链上游的企业普遍面临资金短缺和账期延长的压力。同时,日益激烈的市场竞争也使得单一企业间的竞争转向供应链之间的竞争,同一供应链内部各方的紧密程度也在加深。

在此背景下,供应链金融因其能够有效地缓解融资压力、降低供应链整体管理成本和提高整个供应链资金运作效率而迎来了广阔的发展空间。

供应链金融是指以核心企业信用为依托,以真实交易为背景,通过应收账款质押登记、第三方监管等专业手段封闭资金流或控制物权,为产业链上下游企业提供金融产品和服务,并有效整合物流、商流、资金流和信息流,从而充分地提高资金运行效率的一系列经营活动。供应链金融来源于供应链管理,既是供应链管理和金融理论研究和发展的新方向,又是解决中小微型企业融资难题、降低融资成本、减少供应链风险、提高供应链运作效率等问题的一个有效手段。

供应链金融的产生和发展有着特殊的背景,其主要的表现分为微观和宏观两个层面。

微观层面

从微观层面分析,供应链金融的发展来源于结构性融资需求的增长和供应链各成员之间的非良性竞争。

(1)结构性融资需求增长

赊销增多导致企业的资金出现缺口,而资金缺口又增加了结构性融资的需求。结构性融资是指企业将拥有未来现金流的资产剥离出来,并以该特定资产为标的进行融资。结构性融资需求的增长也显现出更多的中小微型企业存在融资需求,这也进一步凸显了供应链金融出现的必要性。

(2)供应链各成员之间的非良性竞争

资金缺口使得供应链成员之间存在利益冲突。

中小微型企业因为过于依赖大型企业而显得过分被动,一旦大型企业出现拖延支付等情况,中小微型企业的现金流极易出现问题。

同时,大型企业因为面对过多的中小微型企业而不堪重负,经常因小微型企业支付能力不稳定而产生应收账款、坏账等问题,导致资金出现缺口。

这些问题的存在使得整个供应链系统效率低下,并产生了一系列的资金问题,构成供应链金融发展的基础。

宏观层面

除了微观层面之外,宏观层面的原因也推动着供应链金融的发展,主要包括以下三点:

(1)供应链全球化与金融全球化

随着全球经济的发展,商品零部件突破国家和地区的限制,实现了全球化大生产。全球化大生产趋势更加明显并朝着分工细化和纵深化发展,以及跨国企业不断发展壮大,使全球经济也表现出一体化发展的特征,供应链全球化趋势日益凸显。

国际贸易的总量与金额不断增长,贸易范围也在不断扩大,在种种因素的促成下,国际贸易的全球化趋势逐渐形成。国际贸易的全球化也带来了金融的全球化,这就促使资金在全球范围内重新配置。全球金融市场趋向一体化方向的发展,从而导致金融全球化势在必行,因此更加灵活、高效及风险可控的供应链金融应运而生。

(2)中小微型企业贸易融资需求亟须供应链金融的支撑

由于全球产业分工链条不断深化,越来越多的中小微型企业也开始进入全球产业分工链条中。一方面,中小微型企业的加入不断增加了采购、贸易和融资需求;另一方面,中小微型企业规模小、实力弱等因素很大程度上限制了其走向价值链上层的机会。因此,中小微型企业要想向上发展,就必须通过融资发展壮大自身的规模与实力。

但是,中小微型企业规模小、实力弱,缺少健全的财务制度和抵抗风险的能力导致其资信状况较差,使其从商业银行融资的难度增加,融资成本随之增高。

有融资需求,但是却融资困难这一现实情况很大程度上限制了中小微型企业的发展,也造成了银企间关系上的信用隔阂。要想打破这种困境,中小微型企业就要寻求新的融资模式。基于商品交易中的存货、预付款、应收账款等资产展开的贸易融资成为中小微型企业新的融资方向。在贸易融资模式的推动下,供应链金融由此产生。

(3)银行等金融机构需要新的利润增长点

商业银行在融资市场有着较高的地位,但是其利润来源也相对单一,主要是存贷利差。此外,受利率市场化影响,商业银行的盈利水平也在不断萎缩,并且其服务项目也出现同质化竞争,很难适应灵活多变的市场需求,盈利水平会持续下滑,同样也面临商业模式创新的需要和必要,这一切也加速推动供应链金融的产生。

综上,无论是微观层面还是宏观层面,供应链金融都有着广阔的发展空间,势必成为一种重要的融资模式。

3.2　供应链金融的本质和特征

供应链金融的本质是金融服务提供者通过评价供应链中融资企业的整体信息,将企业资产所产生的未来现金流等特定资产作为标的,并借助中介企业的渠道优势和丰富的金融产品,采取闭合性资金运作的模式,向融资企业提供个性化的金融服务,以达到提升供应链的协同效率和降低运作成本的目的。

基于此,我们可以概括出供应链金融的几个特征,如图 3-1 所示。

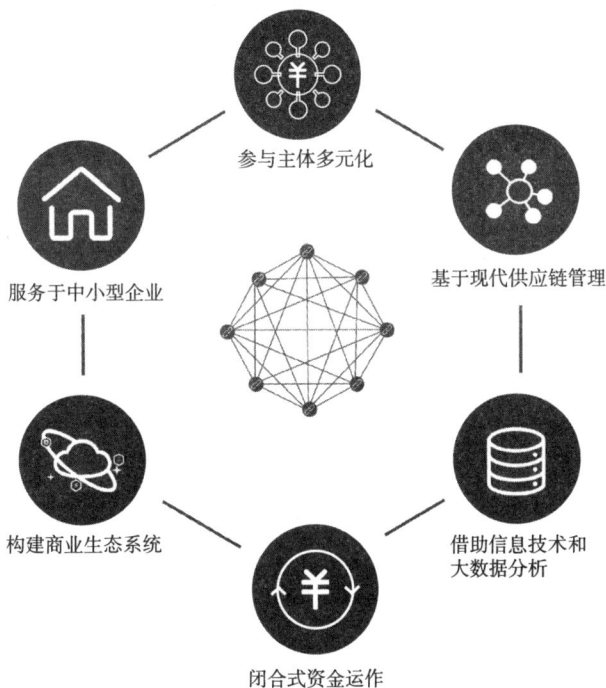

图 3-1　供应链金融的六个特征

参与主体多元化

供应链金融的参与主体众多,除了传统信贷融资方式中的金融机构与融资企业,还增加了供应链中的核心企业及物流企业,其中,核心企业和物流企业在供应链金融中发挥着重要的作用。

核心企业为供应链金融提供信用支持,以其供应链的主导地位和强大实力降低融资企业的融资风险,增加融资企业的资信等级,对供应链的运行情况有着至关重要的影响。物流企业为区块链中的融资企业提供专业的物流服务,同时掌握区块链的物流、信息流甚至现金流,发挥中介、监管和信息传递的作用,可以为金融服务提供者提供融资企业准确的资信报告,甚至以融资企业的质押物作为标的提供担保服务。

基于现代供应链管理

现代供应链管理是指优化供应链的原料采购、生产、物流、销售等各项职能,使供应链中的企业各司其职、协调发展,形成一个有机的生态整体。

供应链金融是基于现代供应链管理理念而衍生出来的一种新的金融服务模式,它不仅考核融资企业的基本资信状况,还考核融资企业所处的供应链的各个环节运营情况以及融资企业在供应链中的运营和真实交易情况,以此来判断融资企业流动性较差的资产的未来现金流和抗风险的能力,综合考虑是否对融资企业提供服务。

现代供应链管理能够为金融服务提供者提供全面、有效、客观且准确的融资企业运营能力和抗风险能力的信息,最大限度地降低双方的融资信贷风险。

借助信息技术和大数据分析

利用信息技术对融资企业进行整体评价是开展供应链金融业务的技术前提。具体来说,整体评价通常是指根据供应链服务平台所得出的大量数据信息,从行业、供应链运营情况和融资企业情况等多个角度系统分析和评判融资企业的信贷风险,从而根据分析结果判断是否对融资企业提供金融信贷服务。

行业角度分析主要考虑融资企业所在行业的经济环境、政策法规、行业前景等宏观因素。供应链运营情况角度分析则主要评判融资企业所在供应链的市场地位、融资企业在供应链中的位置、融资企业与其他成员企业间的合作情况等信息。融资企业情况分析则是主要了解融资企业的资产配置、运营情况、真实交易信息和流动性差的资产的未来现金流能力等。

显然,以上分析过程都需要运用信息技术对大数据进行分析,把融资企业的真实交易数据、物流数据、信息交流数据进行计算,通过整理、汇总、分析最终得出的准确结果将帮助供应链金融的相关主体作出正确决策。

闭合式资金运作

供应链金融一般是融资企业针对其所在供应链中的某一次交易中涉及的物流、商流等要素,以其流动性资产较差的未来现金流做标的而进行的融资活动,其特点是融资的资金仅在供应链中流动。如此一来,供应链金融服务提供者可以将一次交易中的每个业务环节进行拆解,逐笔审核拆解后的具体业务,审核通过后会进行放款,保证融资企业作为标的物的流动性资产较差的未来现金流能够及时监管和回收,以达到风险控制的目的。

简单地说,闭合式资金运作就是一笔交易一次融资,是在供应链内部完成的,可以有效控制融资风险和最大限度地保证资金的使用效率。

构建商业生态系统

构建供应链商业生态系统,是让供应链金融得以有效运行的必要手段。供应链的商业生态系统是均衡循环的,在系统内每一个环节环环相扣,少了哪一个都可能导致生态的失衡。供应链中主体众多,包括供应商、生产商、销售商、物流企业、市场中介、消费者,这些主体受共同利益的驱动,秉持互利互惠、资源共享的观念,注重综合效益,关注长久发展。

在供应链金融运作中,供应链商业生态系统是其有效运行的必要手段,包括供应链上下游企业、监管部门、金融机构以及其他各类相关的主体。如果缺乏供应链商业生态系统,融资活动缺乏有效的评估和监管,供应链金融活动将难以开展。

服务于中小微型企业

供应链金融的主要服务对象是供应链中的中小微型企业,其主要作用就是补足中小微型企业的资金缺口,从而优化中小微型企业的资金流,保障中小微型企业在供应链中的正常经营活动。

中小微型企业存在诸多局限和难点,包括资产规模小、经营风险大、财务制度不健全、信息披露不充分等,在传统金融模式中,这些局限就决定了中小微型企业信用风险高,最终导致融资困难。

但是,在供应链金融模式中,供应链中的中小微型企业的经营风险将大幅度减小,交易、物流等信息能够充分披露,资产规模拥有长远发展前景,从而使信用风险降低,融资成功率得以提高。

供应链金融增加了融资企业的资金流动性,并实现了物流、信息流、资金流、商流等四流合一,有效地维持了供应链的生态循环。

3.3　供应链金融的价值优势

供应链金融依托金融机构和核心企业,利用信息技术手段,闭环式运作融资企业的资金流使其在供应链中良性流通,把中小微型企业的不可控风险转变为供应链生态的可控风险,最大限度地降低了融资信贷风险。相对于传统金融模式来说,供应链金融具有独特的优势和价值。

解决中小微型企业融资难的问题

前面内容多次提及,中小微型企业融资难是一个普遍的现象。

　　2021 年 3 月 5 日,政府工作报告中首次单独提及创新供应链金融服务模式。供应链金融成为解决中小微型企业融资难、融资贵的重要举措之一。

　　2021 年 11 月 6 日,国务院印发的《提升中小企业竞争力若干措施》中指出:规范发展供应链存货、仓单和订单融资,发挥人民银行征信中心动产融资统一登记公示系统作用,提升企业通过动产担保融资的便利度。鼓励保险机构发展供应链保险业务。提高供应链金融数字化水平,引导金融机构开展标准化票据融资业务。

　　从上述政策看,供应链金融成为国家解决中小微型企业融资难的重要举措之一。通过供应链金融及供应链金融生态系统,一方面金融机构可以更好地将中小微型企业集中起来,通过信息平台实现信息共享,降低信贷风险;另一方面中小微型企业也可以在这一新的生态系统中,有效地降低自身的融资成本。

减少融资风险

　　传统工业的产业链较长,中小微型企业的交易活动通常以赊销为主,由于规模小、现金流效率低,容易造成资金紧张,这种情况使得中小微型企业抗风险能力低,融资风险高、难度大,最终导致整条产业链的运行出现恶性循环。

　　供应链金融的发展有效地解决了这一问题,它以规模大、实力雄厚的核心企业为依托、真实交易活动为抵押、资金在供应链中闭环运作等为前提条件,能够最大限度地降低融资风险。充足的资金注入,不仅能够有效地解决中小微型企业的资金缺口,还能够使得整个供应链生态得以良性循环,进一步减少融资风险。

促进银行等金融机构进行业务创新

在本章第 1 节中，我们提到银行等金融机构需要新的利润增长点，随着经济和市场的快速发展，银行等金融机构感觉到传统融资信贷模式的局限，一方面他们对大型企业的把控力在逐渐下降，另一方面它们忧惧于放贷给中小微型企业时所存在的信贷风险。

另外，随着信用销售方式的出现，供应链中核心企业与上下游企业间多以赊销的方式来进行贸易结算，这就使得银行等金融机构的传统贸易融资产品渐渐地失去了用武之地。

这些问题导致本就利润来源单一的银行等金融机构的盈利能力大幅缩水，市场份额也不断下降，这些也倒逼着银行等金融机构开展业务创新。供应链金融不仅解决了银行等金融机构的传统融资信贷模式无法参与供应链运行过程的问题，还可以帮助它们以合适的方式进入具有发展潜力的中小微型企业的融资市场，从而创造更丰厚的利润。

可以说，供应链金融的出现为银行等传统金融机构提供了一种新的业务发展模式，解决了银行等金融机构利润获取和业务创新的瓶颈问题。

在了解供应链金融是什么，它有什么特征和价值优势后，我们更能感觉到供应链金融的独特性和必要性。那么如何把供应链金融的价值优势充分发挥出来呢？我们将在后续的章节中进行更具体的介绍。

第4章　供应链金融发展的历程

19 世纪初期,西方国家就开始开展供应链金融的探索了,经过 200 余年的发展和改善,终于形成了现代供应链金融的雏形。

在我国,供应链金融的发展大体经历了三个阶段:供应链金融 1.0 阶段——线下供应链金融模式;供应链金融 2.0 阶段——线上供应链金融模式;供应链金融 3.0 阶段——"互联网+供应链金融"模式。

4.1　供应链金融 1.0:线下供应链金融模式

在我国,供应链金融的初次尝试发生在 21 世纪初,当时深圳发展银行开始试点动产及货权质押授信业务,中国供应链金融进入萌芽阶段。经过多

年的探索和改进,深圳发展银行于 2006 年率先推出供应链金融品牌并迅速
赢得市场青睐。2009 年,深圳发展银行——中欧国际工商学院"供应链金
融"课题组著作的《供应链金融:新经济下的新金融》一书对供应链金融进行
了定义:

> 在对供应链内部的交易结构进行分析的基础上,运用自偿性贸
> 易融资的信贷模型,应引入核心企业、物流监管公司、资金流引导工
> 具等新的风险控制变量,对供应商不同节点提供封闭的授信支持以
> 及其他结算、理财等综合金融服务。

定义中有几个关键信息:内部的自偿性贸易、核心企业等风险控制变
量、对不同节点封闭授信。

我国金融行业普遍将这个阶段视为供应链金融 1.0 阶段,这一阶段的供
应链金融业务结构主要是"M+1+N"模式,其中,M 是指 M 个上游企业,1 是
指 1 个核心企业,N 是指 N 个下游企业,如图 4-1 所示。

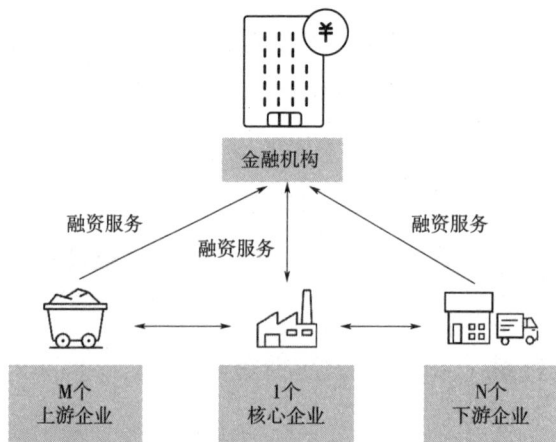

图 4-1　供应链金融 1.0 业务结构

在 1.0 阶段,供应链金融围绕 1 个核心企业,将 M 个上游企业和 N 个下游企业连接起来形成从采购、生产到销售的一条完整供应链,为供应链上的 M 个上游企业和 N 个下游企业提供融资服务,使各企业间的合作更默契,分工更细化,从而提高整个供应链的价值。

在"M+1+N"模式中,供应链金融的基础是核心企业的信用转移。进一步说,在核心企业为其上下游的中小微型企业做担保的前提下,金融机构才会放心提供融资服务。所以,在供应链金融 1.0 阶段,金融机构和核心企业关系紧密,如果核心企业不讲信用,那么金融机构的业务也很难再发展下去。

基于此,在供应链金融 1.0 阶段,金融机构为供应链中的核心企业和其上下游的中小微型企业提供的融资产品具有较大的差异,如图 4-2 所示。

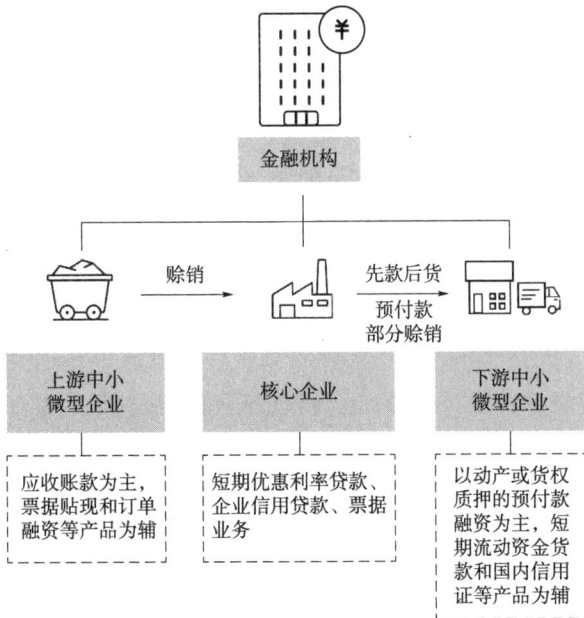

图 4-2　金融机构融资产品的差异

针对核心企业的融资产品

通常,核心企业规模大、实力强,掌握众多资源,发展前景广阔,风险相对较小,受到很多金融机构的青睐。同时,核心企业对融资规模、融资成本和融资效率有很高的要求,并且可选择的余地很大,所以常常会对金融机构有着相对挑剔的条件。因此,金融机构针对核心企业的融资产品一般具有较大的优势,比如短期优惠利率贷款、企业信用贷款和票据业务等。

针对上游中小微型企业的融资产品

上游中小微型企业与核心企业多采用赊销方式,这也是它们在供应链金融模式中的优势所在。因此,金融机构针对上游中小微型企业的融资产品通常以应收账款质押为主,以票据贴现和订单融资等为辅。

针对下游中小微型企业的融资产品

下游中小微型企业和核心企业的交易方式大多为先款后货,有时采用预付款或者信用额度内的赊欠。因此,金融机构针对下游中小微型企业的融资产品一般是以动产或货权质押为主,短期流动资金和国内信用等为辅。

"M+1+N"模式改变了传统金融机构以往的贷款模式,将偏好大型企业和不动产抵押贷款转变为与核心企业展开合作,根据供应链闭环中的真实交易信息,为链上各成员提供金融解决方案,将物流、信息流和资金流高度统一,实现效益最大化。

但是,由于这一时期我国的互联网还没有起步,金融机构主要是根据供应链中核心企业的信用,给予与核心企业相关联的上下游中小微型企业提供融资授信支持。因此,即便商业机构安排大量的风控人员把控供应链交易的真实情况,仍然无法对库存数量的真实性进行准确衡量,同时也很难去核实重复抵押的行为。此外,由于整个流程都发生在线下,效率较低,信息不对称的情况时有发生。所以,这个阶段的供应链金融业务结构简单,牵扯的主体很少,而且业务模式不够稳定。

4.2　供应链金融 2.0:线上供应链金融模式

随着互联网技术的发展,供应链金融也进入了 2.0 阶段,这一阶段的供应链金融业务结构主要是线上"1+N"模式,其中,1 是指 1 个核心企业数据,N 是指 N 个上下游企业。此时,供应链中核心企业的物流、商流、信息流和资金流不再采用线下流通方式,而是搬到了线上,让金融机构能够通过核心企业的数据及时掌握供应链成员企业的仓储、物流和资金流动等真实的经营信息,这一转变不仅可以增强物流、商流及资金流等信息传递的实时性,还提高了信息的真实性。

资金提供方多元化

在供应链金融 2.0 阶段,银行等传统金融机构不再是唯一的资金提供方,物流企业以及线上交易平台等互联网企业也开始扮演资金提供方的角色。

此外,在银行等传统金融机构内部,应收账款融资产品也发生了变化,它会整合供应链上各企业的应收账款信息综合评估,从而给出授信额度。

金融信息互联网

在供应链金融 2.0 阶段,其特点是互联网化。互联网化给供应链金融带来了提升金融机构获取信息的效率,加快审核放贷速度以及操作简单快捷等诸多好处。此外,互联网的实时信息更新让金融机构实时预警体系得以完善,使其能对风险变化做出快速反应,有效提高风险应对和管理能力。

供应链金融 2.0 阶段有了很大的进步和提升,但是由于信息归集和整合尚处于初步阶段,金融机构掌握的数据是供应链上的核心企业的数据,融资企业的信用风险很难准确评估。

4.3 供应链金融 3.0:"互联网+供应链金融"模式

随着互联网快速发展,供应链金融进入 3.0 阶段,这一阶段的供应链金融业务结构主要是"互联网+供应链金融"模式,它有一个突出的特征,即核心企业利用互联网技术打造了一个商业生态圈——供应链服务平台。具体来说,供应链金融 3.0 阶段具有以下特征:

业务结构发生质变

供应链金融 3.0 阶段的业务结构发生了去中心化的质变,颠覆了以往的 1 的概念,此时的 1 由以往的核心企业转变为供应链服务平台。在这个平台中,无论是上游供应商、下游采购商,还是金融机构、政府部门等,都将涉及不同的主体且交易形式更加复杂。供应链服务平台作为一个有机的协作系统,能够有效地解决供应链成员之间信息不对等、产能和金融配置缺位以及资金链断裂的问题。

运营模式发生重大变革

供应链金融 3.0 阶段的运营模式产生了变革,提升了效率,实现了批量授信和流程化,从而简化了审批和放款流程,可以根据融资企业的需求和其他特点来打造针对性的金融产品。

发展成为新的商业模式

供应链金融 3.0 阶段的生态圈发生了变化,不再局限于单个供应链,发展成开放包容的新的商业模式,这种新的商业模式可以有效整合供应链平台的各个环节,形成以供应链金融为中心的解决方案。此外,它还可以构建信用体系和支付体系,使链条上的各成员能够凭此获得融资产品和相关的衍生产品。

供应链金融 3.0 阶段并不是终点,人工智能、大数据分析、云计算、物联网及区块链等不断发展的新兴技术将继续赋能供应链金融。

第5章　供应链金融的发展趋势

供应链金融有四大发展趋势,分别是线上化趋势、垂直化和细分化趋势、产融更紧密趋势和大数据应用趋势。

5.1 线上化趋势

随着电商平台的快速发展和供应链信息化的日益完善,供应链金融的发展速度和受重视程度与日俱增。供应链金融的发展迎来了新契机——线上供应链金融服务平台。

线上供应链金融服务平台能够帮助供应链成员企业实现资源整合,对物流、资金流和信息流进行优化,为线上融资评估和线上融资操作提供更准确的信息和数据支持。

线上融资评估

通过互联网技术手段的应用,线上供应链金融服务平台将供应链中的商流、物流、资金流和信息流等在线呈现,可以帮助金融服务提供者实时掌握融资企业的经营状况,对融资企业的还款能力进行准确评估,从而有效地控制贷款风险。

线上融资操作

对融资企业来说,通过线上供应链金融平台,申请贷款、审核、放款、还款都是线上操作完成,省去了烦琐的跑流程、交材料,真正做到了降低融资成本支出,提高了资金利用率和周转率。

供应链金融发展的线上化趋势是时代和技术发展之所向,有着诸多的好处。从另一个维度看,线上化趋势同时也打破了传统金融机构主导的供应链金融模式,拓宽了供应链金融的服务边界。

5.2　垂直细分化趋势

随着供应链金融开始在不同的行业中得到运用,以及不同行业的属性和特性也有所不同,必然推动供应链金融向垂直化和细分化趋势发展。

细分渗透

供应链金融已经渗透到各细分产业、细分领域。

各个产业领域都有其特点,并且每个产业的供应链生态模式、盈利模式、资金需求的强弱和周期都是不同的,因此不同产业链上的企业有着不同的融资需求,只有当供应链金融向更细分化趋势发展,才能为融资企业提供个性化且具有针对性的供应链金融产品。

垂直深耕

供应链管理流程因其所处产业的主题特征、生态环境和运营周期的不同存在巨大差异,很难跨产业形成具有普适性意义的供应链管理模式,供应链金融的发展受其影响,横向发展很难形成规模化。

因此,深耕垂直行业成为供应链金融发展的突围方向,也只有在纵向市场深度垂直,降低核心企业在供应链上的垄断地位,才能做到使更多的企业参与到供应链金融产品的设计中,通过引入金融科技企业的大数据、区块链等技术,为企业提供全方位的供应链金融服务解决方案,构建一种去核心化的健康供应链金融生态。

5.3　产融更紧密趋势

2020 年 4 月 7 日,浙江省商务厅会同中国银保监会浙江监管局联合印发《关于深化供应链金融服务促进产业链资金链畅通的通知》指出:探索实现"核心企业(平台)+协同企业+链网式金融"的服务方式,提高综合配套金融服务水平。银企共创,推动一批重点产业链供应链核心企业和平台,创新发展具有浙江特色的供应链金融服务模式和标杆项目。

从以上表述中,我们可以发现,供应链金融的战略地位逐渐清晰化,产业和金融的深度融合成为供应链金融发展的必然趋势,产业和金融融合的程度将成为评价一个经济体活跃程度的重要指标。

产融结合的优势

从供应链金融的角度来说,只有当更多的金融资本以相对低廉的价格精准地流向实体产业,才能促进经济的健康发展,尤其随着供应链金融的价值日益凸显,金融与产业关系更加紧密,积极促进金融资本健康地流向更多的优质实体产业,让供应链金融的各个参与方真正推动商业生态的发展。

在新时代下,大型企业、电商平台、物流企业、商业银行、支付企业等都在积极探索供应链金融,并加入供应链金融的发展之中,尤其是 B2B 电商平台更是在供应链金融方面做了很多尝试和创新。

产融结合的痛点

供应链金融在产融结合的过程中也存在一定的痛点,具体表现有以下几点:

(1)金融机构对产业供应链的认识和理解并不深刻

金融机构作为供应链金融服务的主要提供者,专业人才的缺乏和传统经验的限制使得其很难深入了解产业供应链,这就导致金融机构很难提供专业化且具有针对性的金融产品,并且很难有效消除风险隐患。

(2)存在数据鸿沟、信息孤岛等现象

供应链核心企业普遍存在数据单边化、私有化、分散化和封闭化等问题;同时,核心企业存在多个不同产业链条且不同链条之间难以实现信息实时共享的问题。这就给供应链金融的信息化建设带来很大程度的挑战,使链条之间、链条数据和政务数据、贸易数据和融资企业的征信等诸多方面很难做到即时共享、多方验证,造成数据鸿沟、信息孤岛等严重现象,给供应链产融结合增加了难度。

(3)金融资质和牌照等问题

在供应链产融结合过程中,供应链金融主体逐渐增多,除金融机构之外,很多企业并没有金融牌照,尤其是近年来不少互联网公司甚至部分个人对个人(peer-to-peer lending,简称 P2P)网贷平台也不同程度地参与到供应链金融中,致使乱象频出,产生了不少负面影响。

(4)缺乏标准和制度规范

不可否认的是,因为供应链金融的相关政策法规还在完善之中,缺乏统一的行业标准,供应链金融在产融结合的道路上缺乏行之有效的法律制度支持。

供应链金融想要实现产业和金融的深度融合,一方面要实现金融和产业链的协同发展,另一方面要促进产业链健康发展,优选供应链成员企业,同时还要帮助核心企业全方位地评估供应链中各成员企业。

5.4　大数据应用趋势

在互联技术的迅速发展下,信息量呈现光速增长且具有研究价值,要想抢占先机,获得供应链长远发展,就要充分利用大数据应用技术。

变化趋势

大数据也被称为海量资料,它具有海量数据资料、产生迅速快、信息类型繁多及信息真实等特点。在大数据的支持下,供应链金融发生了质的变化,主要表现在以下两个方面:

(1)拓宽供应链金融的服务边界

大数据对信息的收集与分析,拓宽了供应链金融的服务边界。

一方面,融资主体的贸易信息在供应链金融平台即时共享,其物流信息、资金流信息和交易信息通过大数据技术真实呈现,与供应链的商流、物流、资金流和信息流交互验证,使其可以通过供应链金融平台获得更多的融资机会。

另一方面,供应链金融的授信主体建立大数据平台,通过大量的真实交易数据得到有价值的真实信息,运用大数据分析技术匹配上下游贸易数据,能够全面且准确地判断融资企业的资信状况,从而降低放贷风险。

(2)降低供应链金融的服务成本

大数据技术的应用有效地降低了供应链金融的业务成本和贷后管理成本。在供应链金融业务领域,大数据应用可以快速得出大量的交易数据并在此基础上进行整理和分析,从而帮助授信主体和融资主体提高信息利用效率,减少相关信息获取、整理和分析等的成本支出。

应用方向

大数据在供应链金融发展中的应用方向主要表现在以下几点:

(1)精准掌握需求,设计个性化金融产品和物流服务

供应链上的成员企业之间存在紧密的关系,大数据技术可通过数据挖掘匹配多种数据源,并充分结合行业发展动态,精准掌握中小微型企业融资需求,从而设计个性化的供应链金融产品;同时还可以根据企业实际的运输节点、货物、目的地等需求提供个性化物流服务,提升物流的效率。

(2)多维度分析和交叉验证信息,消除信息不对称

传统的金融模式主要依托于静态、平面的财报数据,容易出现误差,参考价值不大。大数据应用模式下的供应链金融主要依托的是动态、可持续的财务数据源,可以全方位地梳理并分析相关主体的财务数据、生产数据、现金流量、资产负债、研发投入、产品周期等多维度的数据,并通过订单、库存、结算、销售分配等明细交易记录进行对比和交叉验证,以此获得企业最真实的经营状态,提高征信服务质量,降低信息不对称风险。

(3)分级预警、量化授信,精准把控风险

在传统模式下,依据融资主体征信数据所作出的授信决策存在一定的难点和痛点,比如信息不准确、更新速度慢等。大数据应用可以及时地根据

行业数据和市场数据作出精准的行情分析和价格波动分析,从而实现实时监控,做到分级预警、量化授信,最终实现精准把控风险的目的。

(4)建立授信主体数据库,完善数据交互

传统金融模式通常仅仅凭借核心企业的订单数据,缺乏各环节完整的交互数据。供应链金融在大数据应用模式下建立授信主体数据库,可以从云端获取融资企业的相关数据,智能匹配融资企业进销存系统,彻底摆脱核心企业硬性担保,从而系统地控制金融风险,缓解中小微型企业融资难题。

(5)判断预期交易量,优化金融产品

在一条供应链上,终端交易量的变动会引起供应链其他环节的变动,大数据应用可以从中发现一系列变动的规律,得出相应的变量公式和分析模型,然后最大限度地预测终端交易量的变动对供应链其他数据的影响,判断预期交易量,从而帮助授信主体优化对融资企业的金融产品,最终提升供应链金融管理的效率。

值得一提的是,大数据在供应链金融领域的应用离不开其他技术支持,比如人工智能、云处理、区块链技术等,它们也将帮助大数据促使供应链金融更健康的发展。

第6章　供应链金融的风险管理

供应链金融在帮助企业提高运营效率的同时也增加了企业运营风险，因此，供应链金融的相关主体都要做好风险管理，促进供应链金融的健康运行。

6.1　供应链金融存在哪些风险

受供应链运营过程中不确定因素的影响，供应链金融存在预期收益遭受损失的可能性，这些不确定因素带来的影响就是供应链金融存在的风险。按照不同的来源和层次，我们可以将供应链金融风险分为三种：供应链金融外生风险、供应链金融内生风险和供应链金融主体风险，如图 6-1 所示。

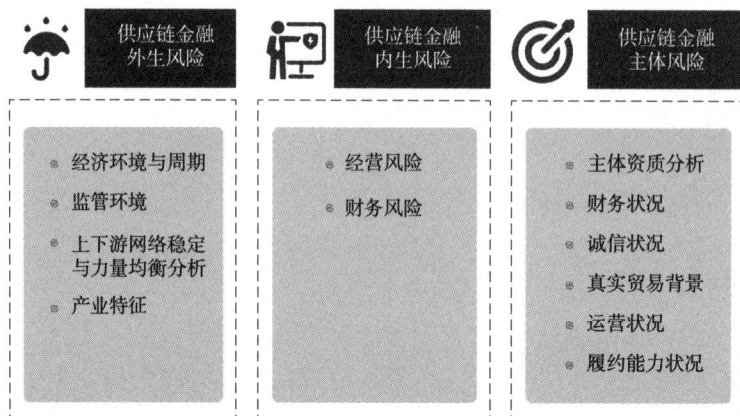

图 6-1　供应链金融的三种风险及成因

供应链金融外生风险

供应链金融外生风险是指供应链金融因受市场经济环境与周期、金融政策以及产业特征等变化的影响,使得自身预期收益受到影响,从而产生的潜在风险。

通常来说,供应链金融外生风险的成因主要包括以下几个方面。

(1)经济环境与周期

供应链的运行需要在经济环境中开展。相较于传统贸易业务,金融活动涉及不同产业、融资平台以及流动性服务商等较广范围,这就意味着如果经济环境出现波动或者有重大改变,都有可能导致供应链金融面临风险。

经济周期波动是指经济的总体趋势出现有规律的扩张和收缩。当经济总体趋势扩张时,市场需求旺盛,供应链金融风险随之降低。当经济总体趋势收缩时,市场需求疲软,企业会面临经营困难甚至破产的情况,供应链金融风险随之增加。

此外,在不同经济环境下,经济周期的具体进程也会出现不同的状态,基于此,供应链金融的相关主体要全面细致地分析所在行业随周期波动的程度、方向和时间,以便于更好地控制此类风险。

（2）监管环境

监管环境是指国家或地方的法律法规或政策对行业的态度是支持还是限制。如果某个行业被政策、法律法规所限制,那么该行业内企业的发展也会受到极大的限制。相反,如果政策、法律法规鼓励发展某个行业,那么该行业内企业的发展也会受到推动。同样,监管环境的变化对供应链金融的发展也会产生较大影响。监管环境支持,供应链金融的发展空间也会增大;相反,监管环境局限,会对供应链金融活动产生不利影响。通常情况下,某一地区的监管环境对供应链金融的影响比较稳定,供应链金融的相关主体可以参考当地政策,避免将贷款投向监管不严格或者政策不允许的行业及领域,以降低风险。

（3）上下游网络稳定与力量均衡分析

上下游网络的稳定和力量均衡对供应链金融风险影响很大。如果供应链上下游网络不稳定或者力量不均衡,上游的供应商可能会通过提高产品、服务的价格或者降低产品、服务的质量来向下游企业施压,这一行为无疑会造成下游企业失去利润空间,从而使得为该企业提供融资的供应链金融主体产生风险。

（4）产业特征

供应链活动也常常受到产业特征的影响。一般来说,在集中度高的产业之中,大多数企业都掌握着相对丰富的资源,也能更好地完成技术进步与技术创新活动。相反,在集中度较低的产业,企业掌握的资源相对较少,此时企业为了获取更多的市场,往往会进行横向和纵向的资源整合,反映在供应链金融活动中,我们就会发现越接近完全竞争的产业,其企业规模通常较小,产品同质化通常较高,价格控制能力通常较低,信贷的风险自然也就相对越高。

供应链金融内生风险

如果说外生风险是由外部诸多不可控的因素导致的,具有一定的偶然性、不确定性,那么,内生风险则是由供应链内部人为导致而产生的风险,具有必然性和确定性。为了让大家更好地理解供应链金融内生风险的具体表现,下面我们主要从经营以及财务两个方面继续分析。

（1）经营风险

经营风险是供应链金融主体因各种经营不当而导致的风险,它通常包括以下几点:

①供应链关联度风险。通常,相对比较完善的供应链体系整合度较高,各主体企业相互间通常会形成紧密地协作和沟通,其所遭受的风险性相对较小。相反若是供应链企业关联度低,那么它们遭受风险的可能性也会大大增加,并且这些风险的出现也会对供应链金融造成损失。

②供应链上下游企业资信风险。企业的资信状况反映其偿债意愿和偿债能力,良好的资信状况是供应链金融业务正常运转的前提。相较于大型企业,中小企业的资信状况通常较差,易出现债务偿还延缓或回收困难,因而使供应链金融风险加大。

③供应链管理及运营风险。从供应链管理角度看,供应链金融业务正常运转有一个重要的因素是供应链各个环节得到了有效的管理,使得链上各环节主体更紧密协作,各司其职。但是,一旦供应链出现运营问题或者供应链风险失控,都会对供应链金融造成一定冲击,很容易造成商流、物流及信息流的不连贯,甚至出现资金流断裂的情况,供应链金融业务链也随之崩塌。

（2）财务风险

财务风险是企业在经营发展的各项财务活动过程中，因为各种难以预料或控制的因素影响而造成的风险，通常包括以下几点：

①资产流动性风险。供应链金融主体在为链条上中小微型融资企业提供融资服务时通常以赊销和垫付的方式进行，如此一来，会使得供应链金融主体出现较大规模的预付款项和应收账款，从而导致其资金效率降低，严重时易造成阶段性的经营资金压力，尤其当大规模的预付和应收类款项出现流动性问题时，非常不利于供应链金融主体的业务拓展，甚至会影响整个供应链的正常运行。

②债务融资风险。供应链金融主体在向链条上中小微型融资企业提供金融服务的同时，也会向外寻求资金以维持其业务的发展。具体来说，供应链金融主体依托自身良好的资信情况向银行等金融机构获取相对较低利率的借款，然后再以相对较高的利率放贷给链条上中小微型融资企业，以此获利。

供应链金融主体债务负担较重，随着业务规模不断扩大，杠杆水平持续增高，容易加大供应链金融风险。

③现金流风险。现金流风险是指企业经营活动中，现金流出与现金流入在时间上的差异而形成的风险。

供应链企业出现现金流风险主要有两个原因：一是大量的垫资和赊销业务导致供应链金融主体在一定期限内资金流出大于资金流入，降低了资金的流动性；二是供应链金融主体常常依赖外部融资来运营或者偿还债务，一旦出现外部融资渠道受阻，供应链金融主体将面临资金断裂风险。

供应链金融主体风险

供应链金融主体风险是指供应链主体在供应链金融活动中因为机会主义行为等原因使金融活动的其他参与方产生重大损失。供应链金融中的主体既包括供应链交易方,也包括交易平台、交易风险管理者和风险承担者。供应链金融主体风险的分析可以从以下几个方面展开:

(1)主体资质分析

主体资质主要是指企业的资源和经营能力,尤其是抵御市场风险和行业变动的能力。除了供应链交易方以外,供应链金融其他参与方也要具备一定的资质以更好地抵御风险。比如,交易平台要具有票据、交易数据、采购订单和结算订单等信息的呈现,以及开票、支付处理、数据整合和文件管理等可操作能力;交易风险管理者要具有对交易和物流数据进行审核、分析、整合,信息技术和大数据应用,设计融资产品和流程,以及监控交易进程和资金流动情况等能力;风险承担者要具有监控供应链交易的细节和过程,后台与风险管理,制定融资产品条款等能力。

(2)财务状况

虽然对于很多中小微型企业来说,其财务报表并不能准确作为风险判断的依据,但是供应链金融的管理者仍然需要全面分析客户企业的资产状况,了解其资产的流动性情况,查看其是否能够满足正常运营需求;一旦发现客户企业的资产无法满足正常运营需求,或者流动性不足等问题,就要密切关注。

(3)信用状况

科学、准确的信用评估能有效降低供应链金融风险。企业的信用状况可以从其经营模式、资金结算方式、资金流、所在供应链地位、偿债能力、信用记录、信息化共享程度以及企业的社会资本等方面进行分析、审核。

（4）真实贸易背景

在供应链金融活动中,很多企业存在虚构贸易背景,授信规模与真实贸易背景不匹配的情况,导致风险产生。基于此,供应链金融主体要透彻了解企业的真实交易背景,并确认供应链金融服务的合理性,这样既方便监管企业的交易过程,又能及时预警风险,及时作出应对。

（5）运营状况

供应链金融主体既需要分析融资企业和上下游企业的运营状况,又需要了解和掌握整个供应链的运营情况,尤其是物流运营和监管。

6.2　供应链金融风险管理的原则

企业在了解导致供应链金融不确定的三大因素后,要想降低供应链金融的外生风险、内生风险和主体风险,就需要合理构建供应链金融运行体系。一般来说,供应链金融风险管理原则主要有六个:闭合性资金运作、纵向管理、收入自偿化、交易信息化、风险结构化和声誉资产化,如图 6-2 所示。

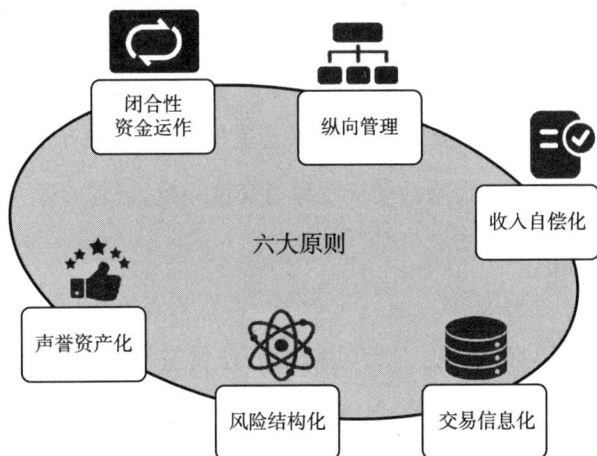

图 6-2　供应链金融风险管理的六大原则

闭合性资金运作

闭合性资金运作是供应链金融运行的前提条件。资金在供应链中闭合运行,不仅能够最大化地提高资金效率,减少成本,还能够即时监控资金流动过程,确保资金安全。供应链运营过程就是一个从设计、采购、生产、物流到最终消费者的闭环运作,一旦资金运作超出了供应链闭环,供应链将无法实现闭合,供应链金融风险就会大幅度提高。

纵向管理

纵向管理是指对供应链金融活动进行深入考虑和追踪的专业化管理,遵循责任明确、流程可控,并使各个管理部分互不重复,相互制衡。需要注意的是,在供应链金融管理中,审批、操作和监管应分开运作,以避免急功近利和监守自盗所带来的风险。

收入自偿化

收入自偿化是指以融资企业流动性较差的资产作为质押,未来的可实现现金流作为直接的还款来源,专款专还。供应链金融收入自偿化需要注意的是,供应链贸易背景、交易数据和综合资信必须真实,能够交叉验证;供应链运营流程和供应链金融活动流程保持高度一致,确保专款专用。

交易信息化

交易信息化是指供应链运营过程管理和供应链金融活动管理的信息化,它的作用是保证商流、物流、信息流、资金流等各类信息和数据能够完整地获取及分析,且要具备安全性、及时性、有效性,以便更好地掌握资金运作过程,控制金融风险。有效的供应链金融交易信息化的前提条件是供应链的贸易数据、交易数据、物流数据和资金流数据等信息真实可靠。

风险结构化

风险结构化是指通过合理地设计供应链金融的业务结构,采取积极有效的贷后风控措施,结构化分散潜在风险。风险结构化一般考虑以下四个要素。

(1)保险

通过保险分散贷后风险是一个不错的方法。例如,对质押物的仓储和运输等环节进行投保。

(2)担保

在供应链金融业务中,需要将各种不同的参与方如融资企业、上下游企业以及核心企业担保都考虑在内。

(3)多方协议

供应链金融参与方应本着公开、公平、公正的原则签订多方协议,明确各方的权利和承担风险的范围和方式。

(4)建立风险准备金

供应链金融风险是供应链风险和金融风险的叠加,风险高且复杂,计提一定比例的风险准备金很有必要。

声誉资产化

声誉是企业最宝贵的无形资产,是口碑、形象、美誉、行业地位、社会责任等名声指标的统称。在供应链金融中,声誉代表着融资企业参与供应链及从事融资活动的能力、偿债意愿和偿债能力。通常,拥有良好声誉的企业,更能促进金融业务健康稳定地发展。相反,融资企业丧失声誉会给供应链金融生态平衡造成破坏。为了防范声誉风险的发生,金融产品提供者要将融资企业的基本素质、运营能力、盈利能力、成长潜力、偿债能力、信用记录,以及企业主的个人信用等作为企业资产进行客观、量化地评估。

6.3　供应链金融信用风险管理

供应链金融的授信针对的是整个供应链中的核心企业、上下游企业和物流企业等所有成员企业,一旦其中任何一方违约,供应链金融必然将面临信用风险。

很大程度上,供应链金融的主要风险来源于信用风险。供应链运营采取链状机制,成员企业之间紧密合作、环环相扣,一个信用风险必然带来连锁反应且具有叠加效应,最终导致整个供应链的信用风险被放大,对供应链金融活动造成损失甚至是出现毁灭性的后果。

基于此,供应链金融就要做好信用风险管理。信用风险的管理目标分为两方面,一方面是控制风险的发生,另一方面是风险发生后如何将损失降到最小。总体是两个方面结合,将信用风险控制在一定范围内,以便遇到问题时能采取有效措施。具体来说,供应链金融信用风险管理可以采取以下四个策略,如图 6-3 所示。

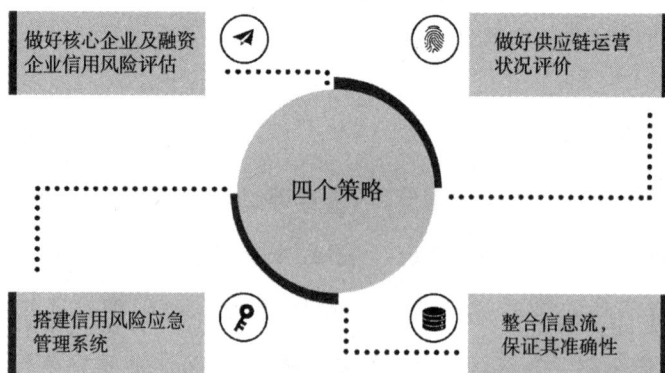

图 6-3　供应链金融信用风险管理的四个策略

做好核心企业及融资企业信用风险评估

供应链金融交易过程主要涉及核心企业和融资企业,因此要全面了解核心企业和融资企业的相关信息,做好信用风险评估。

首先,核心企业在供应链中拥有独特且重要的地位,与整个供应链的正常运营密切相关,且会对供应链的发展产生重大影响。因此,需要对核心企业的资产状况、经营状况、行业地位、市场竞争力以及企业信用等方面进行评价,防止核心企业所在行业或生产经营出现问题导致供应链运营受阻,影响融资企业贷款偿还能力。

其次,融资企业是贷款责任人,自身的经营发展状况、财务状况及信用状况直接影响偿债能力,所以融资企业的信用风险评估尤为重要。

做好供应链运营状况评价

供应链运营状况是指供应链的商流、物流、信息流和资金流等运营状况。

供应链金融是对核心企业和其上下游企业的交易行为进行授信。因此,核心企业和上下游企业的合作时间和次数,以及稳定度和满意度都是信用风险评估的因素,同时两者在历史交易活动中的违约情况也是信用风险管理时要重点关注的。

第三方物流公司作为质押货物的保管者与监管者,同时掌握供应链物流信息,对供应链的正常运营有重要影响,其经营状况、资信情况等方面也是信用风险评估的因素。

整合信息流,保证其准确性

通常来说,发生供应链金融信用风险的原因除了融资企业自身经营不善外,还包括信息不全面、不及时、不准确导致的前期评估失误,基于此,整合供应链信息流,并实时更新和分享,对降低信用风险至关重要;此外,还要建立完善的信息管理系统,保证信息流的准确性,以对信用风险作出正确的判断。

搭建信用风险应急管理系统

由于供应链金融拥有供应链和金融的双重属性,信用风险很难完全避免,最好的解决方法就是降低信用风险发生的概率以及控制信用风险带来的损失,这就需要做好信用风险的应急管理工作,通过建立一个应急管理系统,采取有效的应急措施,使信用风险的概率降到最低、损失降到最小。

搭建供应链金融信用风险应急管理系统要重点关注以下两个方面:

①规划信用风险应急管理系统要尽量全面盘点可能发生的所有信用风险,以及每个信用风险对应的应急措施。

②信用风险应急管理系统的实施要根据供应链金融的发展情况及时更新,及时纳入可能发生的新的信用风险及应急措施。

总之,供应链金融信用风险管理既要做好预防工作,对可能存在的信用风险进行评估和规避,还要做好发生信用风险的应对工作,将信用风险对供应链金融造成的损失降到最低。

6.4　供应链金融操作风险管理

在供应链金融风险中,操作风险贯穿整个供应链金融活动中,是供应链金融风险管理的重要内容。

巴塞尔银行监管委员会对操作风险的定义是:操作风险是由不完善或有问题的内部操作过程、人员、系统或外部事件所导致的一种直接或间接性

损失的风险,也就是说,导致操作风险的因素有以下四个:

①人为因素。主要包括内部欺诈、技能匮乏、核心技术人员流失等。

②流程因素。主要包括金融产品设计缺陷、财务制度不完善、结算或支付失误等。

③系统因素。主要包括系统设计缺陷、硬件损坏、缺乏系统安全管理等。

④外部因素。主要包括外部欺诈、业务外包风险、法律法规、不可抗力等。

可以说,操作风险主要源于内部控制、外部控制等治理机制的失效。同时,供应链金融的操作流程繁杂,涉及人员多、环节多,导致操作风险可控性差。要想完善供应链操作风险管理,防范操作风险,降低操作风险带来的损失,需要做好以下四项工作,如图 6-4 所示。

完善业务流程,科学细分岗位职责

完善内部风险控制体系,提高人员技能

细化供应链金融的操作流程

成立专门质押物管理的部门

图 6-4　供应链金融操作风险管理的四项工作

完善业务流程,科学细分岗位职责

降低操作风险,要根据供应链金融特点完善业务流程,科学细分岗位职责。具体来说,要针对供应链金融的特性建立专业团队,设置专业岗位,明确岗位职责,做到人岗匹配,使得供应链金融活动中的各个流程由专人专岗负责,既要各司其职,又要实现无缝衔接配合,彼此相互监督,使供应链金融发挥出最大效益。

完善内部风险控制体系,提高人员相关技能

责任到岗、人岗匹配仅仅是确保操作风险发生时可以快速锁定责任人,并不能有效防控操作风险。建立完善的内部风险控制体系,明确授权、职责分离、相互监督、有效控制,制定安全措施、应急预案,提高相关人员的工作能力、综合素质以及风险应对能力,才能真正从源头对供应链金融风险进行防控。

细化供应链金融的操作流程

细化操作流程要做到贷前、贷中、贷后等业务的垂直化管理,权责分明。

贷前阶段,建立科学的信息搜集、整合和审查模板,做到信息全面、真实,尽量避免调查人员因主观差异导致的结果有效性欠缺。

贷中阶段,制定严格的授信审批和交易规范,做到合同约定明晰、准确,合同签订信息真实、有效,明确资金发放、流通、回收的条件和限制。

贷后阶段,制定详细的贷后管理机制,明确质押物管理、贷款回收等事项的操作步骤和要求,做到贷后事项的推进有章可循。

成立专门质押物管理的部门

质押物管理多由第三方物流企业或仓储企业负责,为防止物流企业或仓储企业管理受自身规模、运营能力限制或与融资企业相互勾结而造成质押物损失,成立专门负责贷后跟踪与质押物管理的部门,加强与这些企业的审查和联系是预防风险的有效手段。

质押物管理部门的职责是制订完善的办理质押物入库、出库的操作规范和风险控制方案,加强对质押物的监管。

总之,只有针对供应链业务操作流程的各个环节、操作人、执行企业等方面进行全面、细致的管控,才能够最大程度降低供应链金融操作风险。

6.5　供应链金融法律风险管理

供应链金融作为一种创新性的融资服务,关键行为以动产质押和供应链上下游企业担保向企业授信,要想充分控制质押物(票据、库存等)和放贷资金在供应链上闭环流通,实现放贷资金安全回收,需要很高的技术含量,否则容易落入陷阱;一旦落入陷阱,就需要诉诸法律手段解决问题,这里就涉及法律风险。

供应链金融面临的法律风险

供应链金融主要面临的法律风险有两大类:行政监管的风险和刑事违法的风险。

(1)行政监管的风险

《中华人民共和国银行业监督管理法》第十九条规定:未经国务院银行业监督管理机构批准,任何单位或者个人不得设立银行业金融机构或者从事银行业金融机构的业务活动。

《融资性担保公司管理暂行办法》第八条第一款和第三款规定:设立融资性担保公司及其分支机构,应当经监管部门审查批准。任何单位和个人未经监管部门批准不得经营融资性担保业务。

虽然根据 2015 年《最高人民法院关于审理民间借贷案件适用法律若干问题的规定》部分企业之间的借贷行为合法,但仅限于非经常性的企业间的拆借行为。

从以上政策法规可以看出,国家对金融放贷业务和融资性担保采用严格的监管措施。在供应链金融活动中,从事金融放贷业务和融资性担保需取得相关许可。

(2)刑事违法的风险

刑事违法的风险包括高利转贷罪、非法吸收公众存款罪、虚开增值税发票罪等,具体的法律规定如下:

①高利转贷罪。个人或者未取得相关许可的单位,把金融机构授信的资金以高利转贷给他人构成违法,数额较大和巨大就会涉及犯罪。

《中华人民共和国刑法》第一百七十五条第一款、第二款规定:以转贷牟利为目的,套取金融机构信贷资金高利转贷他人,违法所得数额较大的,处三年以下有期徒刑或者拘役,并处违法所得一倍以上五倍以下罚金;数额巨大的,处三年以上七年以下有期徒刑,并处违法所得一倍以上五倍以下罚金。

单位犯前款罪的,对单位判处罚金,并对其直接负责的主管人员和其他直接责任人员,处三年以下有期徒刑或者拘役。

②非法吸收公众存款罪。在供应链金融活动中,融资企业通过票据池、资金池等方式进行非法集资,就会涉及刑事犯罪。

《中华人民共和国刑法》第一百七十六条第一款、第二款规定:非法吸收公众存款或者变相吸收公众存款,扰乱金融秩序的,处三年以下有期徒刑或者拘役,并处或者单处罚金;数额巨大或者有其他严重情节的,处三年以上十年以下有期徒刑,并处罚金;数额特别巨大或者有其他特别严重情节的,处十年以上有期徒刑,并处罚金。

单位犯前款罪的,对单位判处罚金,并对其直接负责的主管人员和其他直接责任人员,依照前款的规定处罚。

③虚开增值税发票罪。在开展供应链金融活动过程中,企业之间以虚开增值税发票来进行真实交易数据造假或掩盖实质金融放贷行为,可能涉及该刑事违法。

《中华人民共和国刑法》第二百零五条规定:虚开增值税专用发票或者虚开用于骗取出口退税、抵扣税款的其他发票的,处三年以下有期徒刑或者拘役,并处二万元以上二十万元以下罚金;虚开的税款数额较大或者有其他严重情节的,处三年以上十年以下有期徒刑,并处五万元以上五十万元以下罚金;虚开的税款数额巨大或者有其他特别严重情节的,处十年以上有期徒刑或者无期徒刑,并处五万元以上五十万元以下罚金或者没收财产。

单位犯本条规定之罪的,对单位判处罚金,并对其直接负责的主管人员和其他直接责任人员,处三年以下有期徒刑或者拘役;虚开的税款数额较大或者有其他严重情节的,处三年以上十年以下有期徒刑;虚开的税款数额巨大或者有其他特别严重情节的,处十年以上有期徒刑或者无期徒刑。

虚开增值税专用发票或者虚开用于骗取出口退税、抵扣税款的其他发票,是指有为他人虚开、为自己虚开、让他人为自己虚开、介绍他人虚开行为之一的。

《中华人民共和国刑法》第二百零五条之一规定:虚开本法第二百零五条规定以外的其他发票,情节严重的,处二年以下有期徒刑、拘役或者管制,并处罚金;情节特别严重的,处二年以上七年以下有期徒刑,并处罚金。

单位犯前款罪的,对单位判处罚金,并对其直接负责的主管人员和其他直接责任人员,依照前款的规定处罚。

除此之外,金融机构(或其代理机构)也要避免在开展供应链金融活动过程中,出现在法律上的无效行为或违法行为。

供应链金融法律风险管控策略

要想有效地管控供应链金融的法律风险,供应链金融的相关主体可以做好以下工作,如图 6-5 所示。

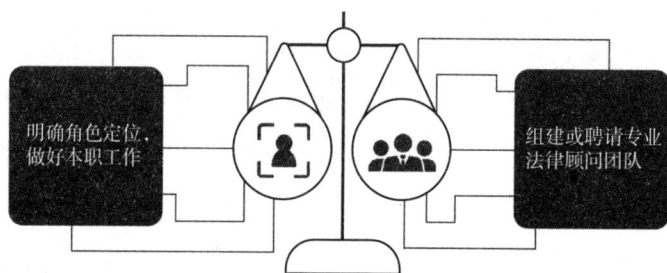

图 6-5　供应链金融法律风险管控的两大策略

①明确角色定位,做好本职工作。企业需要明确自身在供应链金融中的角色——只是供应链融资中的一个环节,不能开展金融放贷业务。合法设立的金融机构才能够开展金融放贷业务。

②组建或聘请专业法律顾问团队。无论是金融机构还是企业,要想做好供应链金融的法律风险管控,组建或聘请专业法律顾问团队也是非常重要的工作。

除此之外,供应链金融的法律风险要想有效避免,供应链金融相关主体要依法合规经营,做到知法、守法,更应该重视法律风险带来的严重后果;同时还需要在经营决策和观念上加强意识形态建设,注重健康的法律文化建设和风险意识建设,以及建立具有有效防控措施的内部机制。

第 3 篇

基于核心企业的供应链金融

第7章　核心企业视角下的供应链金融

在供应链金融中,核心企业是供应链金融服务的关键节点,在供应链金融活动中有着强势的地位,其作为供应链管理的信息交换中心、物流中心和结算中心,能够有效地整合供应链中的商流、物流、资金流及信息流。本章将从核心企业的视角去分析供应链金融,了解核心企业在供应链金融活动中的角色、困境以及如何构建供应链金融平台。

7.1　供应链金融和传统金融

供应链金融与传统金融都有金融的本质,即帮助融资企业解决资金需求。当然,它们也具有一定的差异化。从核心企业的角度,该如何看待供应链金融和传统金融的异同呢?

供应链金融和传统金融的相同点

供应链金融是在传统金融的基础上和新时代经济发展的态势下应运而生的,它虽然摒弃了传统金融中存在的一些约束和限制,但是它们在本质上仍存在相同点,主要表现在以下三点:

(1)风险控制理念一致

从风险控制的角度来说,无论是供应链金融还是传统金融,它们都将风险控制在最低程度作为原则和根本出发点,同样重视风险控制。

(2)偿还考察一致

不管是供应链金融还是传统金融,金融机构授信时都会以融资企业能够按期偿本付息作为底线,对融资企业偿本付息的能力评估同样严格。

(3)信用至上一致

无论是传统金融还是供应链金融,都秉持信用至上原则,都会更加青睐长期信誉好、持续盈利能力优的企业。

供应链金融和传统金融的不同点

传统金融通常是指只具备存款、贷款和结算三大传统业务的金融活动。供应链金融作为一种在传统金融基础上发展而来的新兴金融模式,与传统金融存在区别,具体表现在以下六点:

(1)服务对象有所不同

通常,传统金融的主要服务对象是大型企业和极具潜力的中小型企业,普通的中小微型企业很难得到传统金融的青睐。供应链金融的主要服务对象是供应链中的所有成员企业,既包括作为核心企业的大型企业,也包括上下游的中小微型企业。

（2）抵押标的物不同

传统金融模式需要融资企业以固定资产尤其是不动产作为抵押标的物。

供应链金融是在供应链内封闭授信，将购销过程中产生的动产与货权作为抵押标的物，包括应收账款、预付账款以及库存等。

（3）评估标准不同

在传统金融模式中，信用评估通常是对融资企业过往的财务等信息进行评估，仅仅针对融资企业且评估的依据是静态的已发生的数据，对融资企业的未来经营状况很难准确把握，存在较大的局限性。

在供应链金融中，信用评估是对融资企业所在的整条供应链进行信用分析，评估的依据是整条供应链的真实交易信息、物流信息、结算信息等已发生、正在发生和未来将要发生的数据，评估更客观。

（4）参与主体不同

在传统金融模式中，金融机构和融资企业是主要参与主体，少部分增加第三方担保主体。

在供应链金融模式中，参与主体除了金融机构和融资企业，还涉及核心企业、物流企业以及供应链的其他成员企业。

（5）融资方式不同

在传统金融模式中，融资方式主要是不动产抵押和第三方担保等。

在供应链金融模式中，融资方式更加多样化，除了不动产抵押、第三方担保，还包括供应链授信、动产抵押、应收账款抵押、预付账款抵押等。

（6）主导主体不同

在传统金融模式下，金融机构为主导主体，融资企业通常处于弱势地位。

在供应链金融模式下，核心企业、供应链平台等成为主导主体。

总之,由于突出的社会效益和经济效益,使得供应链金融的市场占比将逐渐增大,它既是新时代经济发展的必然产物,也是在中小微型企业的融资需求推动下的必然趋势。

7.2　供应链金融中的核心企业作用

在供应链金融中,核心企业一般是指在供应链产业生态中规模较大、信誉较好、制度比较完善、财务体系比较健全的优质大型企业,对其上下游企业具有较强的控制权,一般扮演供应链的管理者、组织者和协调者,是开展供应链金融服务的关键因素。

同时,核心企业对自身所处行业有较为深入的了解,并掌握着整个供应链的信息,对与其配套的上下游企业的优势和竞争力都有充分把握。

供应链金融是以真实贸易背景为基础的,销售合同、订单、发票、收据等信息都离不开核心企业的配合。

鉴于此,核心企业通过与银行等金融机构展开合作,整合整个产业供应链全链条上的商流、物流、资金流和信息流,推出各种不同的融资产品,以满足供应链上下游企业的融资需求。

因此,对供应链成员企业有较强控制权的核心企业成为供应链金融不可或缺的主体。具体来说,核心企业在供应链金融的作用表现在以下几个方面。

信用增强和控制风险

核心企业在供应链金融的作用首先是信用增强和控制风险,具体表现有以下几点:

(1)增强融资企业信用

供应链金融对融资企业授信的依据是以融资企业和核心企业的真实贸易

为背景,重点评估的是核心企业的信用状况和实力,也就是说,在真实贸易背景的前提下,核心企业的信用状况和实力对融资企业的信用评估起到积极影响作用,核心企业的信用被扩展到融资企业,增强了融资企业的信用。

(2)降低违约风险

核心企业的信用背书和真实的交易背景,使得融资企业的违约风险得以大幅度降低。核心企业作为供应链的管理者、组织者和协调者,对供应链运营的各个环节拥有较强的掌控力,其利用自身的管理、技术等优势帮助融资企业提升经营和盈利水平,同时还能够有效监督融资企业,提升融资企业的还款意愿以及还款能力,从而降低违约风险。

(3)减少借贷双方的信息不对称

在供应链金融中,核心企业由于其重要地位,通常扮演信息交换中心和信用支持的双重角色,它应用信息技术和大数据能够及时客观地为借贷双方提供真实的相关数据,最大化地降低信息获取成本,从而减少借贷双方因信息不对称所带来的风险。

降低金融成本

供应链存在成员企业数量多、分散广的特点,受地域因素的影响,如果一对一地开展金融业务,从资信评估到资金回收,无论是金融机构还是融资企业都需要投入大量的人力、物力和财力,成本相应增加;相反,依靠核心企业开展供应链金融业务就能够很好地解决这一问题,大大降低成本。

扩大市场份额,增加收入

核心企业利用自身规模较大、技术强、信誉好、制度完善、财务体系健全的优势带动整个供应链其他成员企业的业务能力得以大幅度提升,从而让供应链更加良性运行,发展规模持续增长。供应链成员企业的规模扩大,必然导致其对金融服务的需求增加,除了传统的信贷业务外,会增加包括财务管理、结算、保险、金融信息咨询等相关业务,这就必然导致供应链以及供应链金融的市场份额提升,收入增加。

总之,核心企业在供应链金融中有着极其重要的价值和作用,是不可或缺的关键。如果没有核心企业,上下游企业就很难相互联系,也难以形成合作体系。供应链金融作为依托于供应链有效运营开展的金融业务模式,核心企业在其中有着不可替代的作用和价值。

7.3　核心企业开展供应链金融的困境

核心企业因为自身规模大,上下游企业多,主导供应链金融业务时会呈现效率高、风险低、规模大等特点。具体来说,核心企业开展供应链金融,一方面能够解决上下游中小微型企业融资难的问题,提高供应链的市场竞争力;另一方面还可以帮助自身扩展金融业务,寻找新的经济增长点,甚至实现产业的转型升级。

尽管核心企业在供应链金融中是处于强势且有优势的一方,但是目前仍有不少核心企业在开展供应链金融的过程中面临诸多困难,具体有以下几个方面。

核心企业内部协同困境

核心企业内部协同困难是其开展供应链金融遇到的最大问题,具体表现有以下几个方面:

①核心企业经营规模大,子公司数量多且分布广,每个子公司都是一个利益综合体,内部关系错综复杂。

②负责供应链金融业务的子公司与其他子公司处在同一个级别,子公司大多自负盈亏,横向管理或跨子公司协同更加困难。

③核心企业集团内部决策层众多,甚至有的决策者从思想上就对供应链金融有抵触情绪,自然也就增加了协同的难度。

对于供应链整体金融风险的顾虑

供应链金融业务开展需要核心企业的高度配合,并且特定情况下需要由核心企业直接承担担保、回购以及调剂销售等相关责任。

另外,金融机构通常一般不会和核心企业共享供应链整体金融资源分布的相关数据,这就导致核心企业无法充分掌握供应链金融服务的情况,很难对供应链的金融需求作出准确的评估。

对于担保风险的顾虑

核心企业,开展供应链金融业务的主要目的是通过解决上下游中小微型企业融资难题,推动整个供应链的健康发展。

在供应链金融中,核心企业虽然不是直接的融资主体,但是需要其为融资企业提供增信或担保。提供增信或担保必然给核心企业带来一定的风险,当增信或担保的风险大于或等于自身收益时,核心企业就会遏制供应链金融的发展。

数据安全要求高

商流、物流、资金流和信息流等真实交易数据是开展供应链金融的关键因素,但是这些数据又会涉及企业和供应链的商业秘密,一旦泄密,将对企业和供应链带来严重损失。所以,供应链金融对数据安全方面会高标准、高要求,这就必然需要核心企业建立足够安全的数据管理系统,投入大量资金,同时还会承担非常大的风险。

信息化建设不完善

通常情况下,核心企业开展供应链金融需要建立一个信息共享和沟通的平台,用来为供应链金融提供数据支持,但是供应链成员企业都有各自独立的信息化系统,由于软硬件的差异必然会导致出现系统不兼容等问题。如果重新建立统一的信息化系统又很难兼顾到每个成员企业的实际业务需求,同时会增加购置软硬件的成本支出和人力成本支出,这些限制条件必然会给信息化建设带来重重困难,很难做到完善。

对业务稳定性的担忧

相较于传统金融业务,以区块链、大数据、云计算等科技应用为核心的供应链金融业务对于原有传统产业核心业务影响较大。

例如,建立完善的信息化共享平台需要核心企业和其他供应链成员企业投入大量的人力、物力和财力,而这些人力、物力和财力的抽调,会对核心企业和其他供应链成员企业的经营和赢利造成影响;同时为了接轨新建的信息化系统需要对业务结构进行改造,业务结构的改变会给供应链原有的稳定性造成影响。

供应链金融放大了核心企业的信用风险

供应链金融的开展需要将融资企业和核心企业的信用进行绑定,这无疑增加了核心企业自身的信用风险。另外,核心企业为融资企业提供担保,其实是间接增加了其负债,也在放大核心企业的信用风险。

通过从不同角度分析核心企业开展供应链金融遇到的困难,我们可以明确的是,核心企业开展供应链金融并不是一件容易的事情,需要核心企业从内部到外部全面突围。

7.4　核心企业如何构建供应链金融平台

在互联网技术高速发展的背景下,越来越多的核心企业开始构建属于自己的供应链金融平台,推动供应链资金流转效率,从而整合资源降低运营成本,拓展企业盈利空间。

以"核心企业+上下游中小微型企业+资金方"组成的整体系统,搭建统一的数字化供应链金融平台是核心企业构建供应链金融平台的最优选择。

具体来说,核心企业可以采取以下步骤构建供应链金融平台,如图7-1所示。

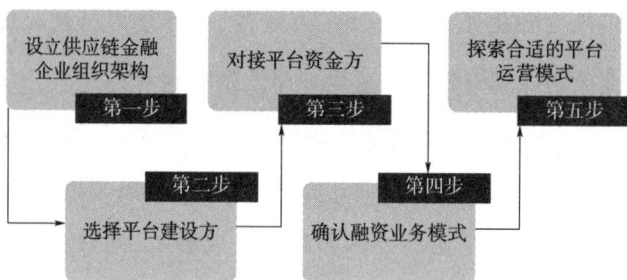

图7-1　构建供应链金融平台的五个步骤

设立供应链金融企业组织架构

平台的组织架构是进行平台的流程运转、部门设置及职能规划等最基本的结构依据,它可以明确企业内部成员之间的关系、各个部门都有什么样的功能、需要承担什么样的责任、有什么样的权利以及发挥什么样的价值等。

在设计供应链金融企业组织架构时,需要注意以下几点:

①明确各岗位的分工与职责,一方面要减少重复的工作职能,另一方面也要避免出现缺失的工作部分。

②降低现有部门的利益冲突。

③优化平台运转效率。

④节约人力成本,为企业争取最大利益。

如图 7-2 所示,某企业的组织架构是在总经理的统筹之下,设有市场部、战略发展部、平台管理部、金融业务中心、技术研发部、风控中心、财务中心和综合管理部等,各个部门间既各司其职,又相辅相成。在此层级上又可以继续划分,例如金融业务中心可以划分为金融市场部和金融产品设计部,风控中心可以划分为政策合规中心和法务中心,财务中心可以划分为财务部和清结算部,这样既能让部门高效运转,又能让各部门间相互配合,降低人力成本。

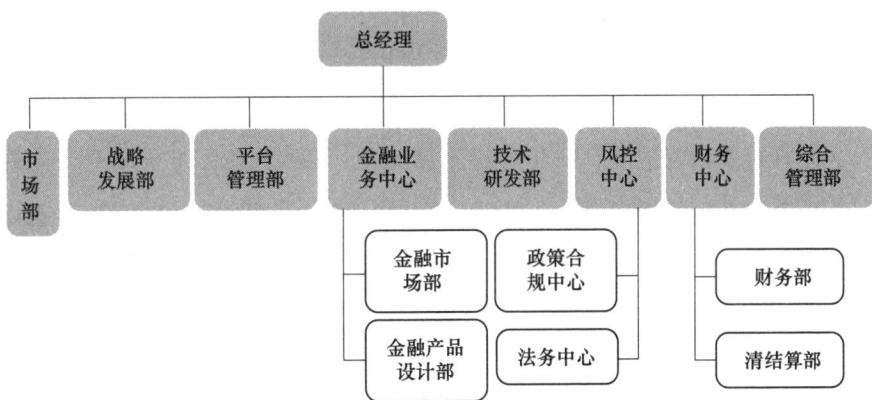

图 7-2　某企业组织架构

选择平台建设方

供应链金融平台的核心内容是实现商流、物流、资金流和信息流的四流合一。随着互联网技术、计算机技术和大数据技术等信息技术日趋成熟,建设供应链金融平台所需要的技术支持得以实现。选择的平台建设方除了具备技术实力强、了解金融业务等条件外,还需要具备保姆式、伴随式的服务意识。同时,平台建设方的后期服务支持也很重要,要能够根据发展的需要,对平台的各项功能及时更新或改造。

对接平台资金方

目前,供应链金融的资金方主要为商业银行,还包括信托、融资租赁公司、私募基金、关联企业以及小贷公司等,其中商业银行资金充足、利率较低,缺点是额度有限;信托、融资租赁、私募基金的方式灵活、额度高,缺点是数量少、利率较高;关联企业、小贷公司等的方式灵活、流程快,缺点是资金有限、利率较高。

确定融资业务模式

通常来说,核心企业的融资业务模式有应收账款融资、动产质押融资和预付账款融资等。

应收账款融资主要针对供应链上游企业,以融资企业与核心企业的真实贸易合同产生的应收账款为基础,参与方主要包括融资方企业、核心企业和资金方。

动产质押融资针对供应链所有成员企业,以融资企业的货物为质押标的物,参与方主要包括融资企业、第三方物流和资金方。

预付账款融资主要针对供应链下游企业,以融资企业与核心企业的购销合同的预付账款为基础,参与方主要包括融资企业、核心企业、仓促监管方和资金方。

相比较而言,预付账款融资模式需要较高的供应链掌控能力,其资金回笼时间较长,涉及环节较多,不确定性较大,如图 7-3 所示。

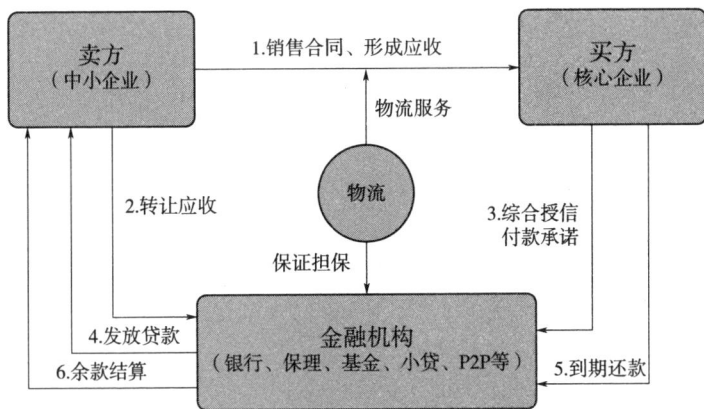

图 7-3　预付账款融资模式

探索合适的平台运营模式

以核心企业为主导的供应链金融平台的运营模式多种多样,主要依据核心企业所处行业特点,采用针对特定品类的交易中心平台、提供一站式金融服务的综合性平台等,这些模式并无优劣之分,企业只需要以是否合适作为判断。当然,企业可以根据自身情况探索更合适的平台运营模式。

总的来说,核心企业构建供应链金融平台是一项复杂的工程,只有将技术和业务模式结合在一起,做好各个参与方的协调工作,帮助参与方实现共赢,才能创造最大的商业价值。

第8章 基于核心企业的供应链金融模式

在供应链金融中,核心企业拥有相当优势的地位,基于自身对供应链具有较强的掌控力,以核心企业为主导的供应链金融模式最为常见。核心企业开展供应链金融业务一方面可以解决供应链上下游中小微型企业融资难的问题,提高供应链运作效率;另一方面也能帮助核心企业发展金融业务,使其实现新的突破和升级。

8.1 基于核心企业供应链金融的业务模式

在供应链金融业务模式下,业务主体包括供应商(上游企业)、经销商(下游企业)、核心企业、金融机构、仓储机构以及物流公司等,其中以核心企业为主导的供应链金融的业务模式主要有三种,即预付账款融资模式、动产质押融资模式和应收账款融资模式。

预付账款融资模式

预付账款融资模式是指核心企业(供应商)承诺若融资企业(购货商)未能足额提取货物,核心企业负责回购,在未提取货物的前提下,以核心企业在金融机构指定的第三方物流仓库的既定仓单为质押,并以由金融机构控制其提货权为条件,允许融资企业缴纳一定数额的保证金后向金融机构申请贷款作为支付给核心企业的预付款的融资业务。

预付账款融资模式的融资企业一般为供应链下游购货商企业,其操作流程如图 8-1 所示。

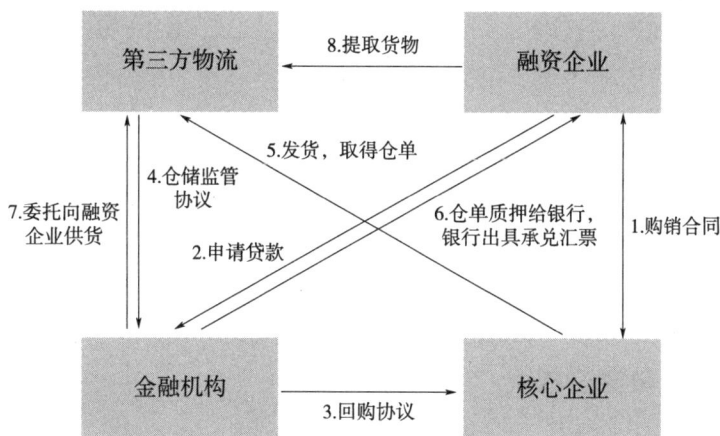

图 8-1　预付账款融资模式

预付账款融资模式虽然有其独特的优势,可以在一定程度上分散金融机构的风险,但是也存在潜在风险点,主要包括核心企业和融资企业的资信风险、来自第三方物流的质押物监管风险、受宏观经济因素和市场供求关系影响的质押物价格变动风险等。

动产质押融资模式

动产质押融资模式是指融资企业将采购的原材料或生产的成品等动产作为质押物,存放在金融机构指定的第三方物流仓库并在金融机构的监控下流通,以核心企业担保和第三方物流企业的监管为前提,以此来向金融机构申请贷款的融资模式,其操作流程如图 8-2 所示。

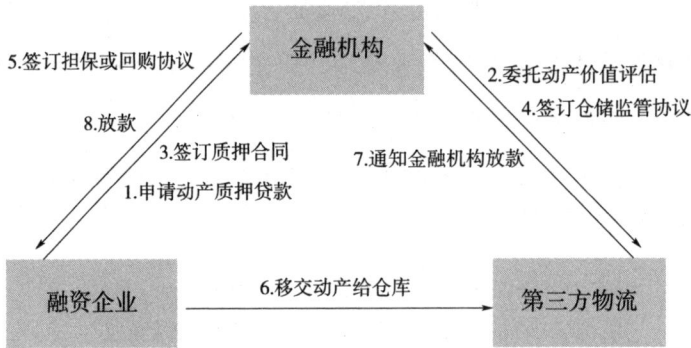

图 8-2　动产质押融资模式

在动产质押融资模式中,融资企业的动产存货是主要风险来源,具体为存货价值风险和价格变动风险,除了存货风险外,该模式的潜在风险点还包括第三方物流企业质押物监管风险。

应收账款融资模式

应收账款融资模式是指融资企业以与核心企业真实贸易中未到期的应收账款作为质押物,向金融机构申请贷款的融资模式,其操作流程如图 8-3 所示。

应收账款融资模式的融资企业一般为供应链上游中小微型企业。应收账款融资模式的主要风险是应收账款的真实性、核心企业的支付能力和转移账款风险等。

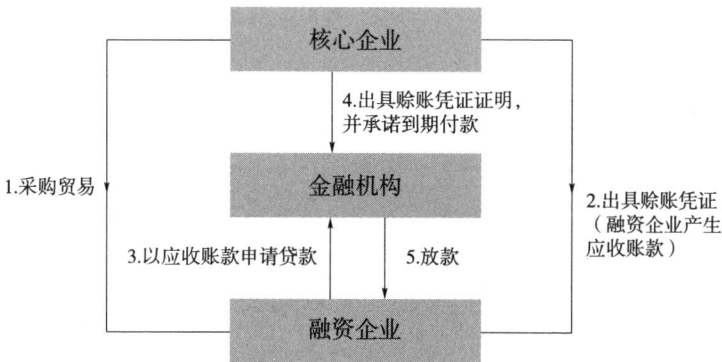

图 8-3　应收账款融资模式

8.2　基于核心企业供应链金融的业务流程

在核心企业主导的供应链金融中,供应链上下游中小微型企业成功融资的前提条件是核心企业的信用支持。在基于核心企业供应链金融的业务流程中,核心企业决定整个供应链融资业务的运行。

业务流程的基础

基于核心企业供应链金融的业务流程,其坚实的基础来源于核心企业自身所拥有的强大实力以及其对所处行业深入且充分的了解。基于核心企业的供应链金融淡化了传统金融模式注重的融资企业的规模、财务报表,更注重核心企业的资信、整个供应链的真实交易历史记录、融资企业的合同执行能力和供应链贸易的连续性。

在基于核心企业的供应链金融的业务流程中,核心企业的资信情况及配合程度、交易关系稳定性对融资业务的运行非常重要。

业务流程的实践

基于核心企业供应链金融的业务流程实践以"1+N"模式为主。

"1+N"模式是指借助 1 个核心企业的信用为 N 个中小微型企业提供增信和担保。很大程度上，中小微型企业是否能够顺利获得授信取决于核心企业对金融机构的配合程度。

"1+N"模式的操作流程如下：

①供应链核心企业、金融机构、融资企业、第三方物流企业进行业务系统 ERP 或财务系统对接，实现数据同步交互。

②融资企业发起融资申请，并填写相关信息。

③供应链平台核实融资企业的信用资质，并通过数据模型对融资企业与核心企业发生的真实交易数据进行信用评估。

④供应链平台审核通过后进入银行等金融机构进行复审，复审通过即可放款。

在实际运作过程中，供应链平台协同金融机构会核实跟踪中小微型企业所有的交易数据，实行贷前评估审查、贷中核查、贷后监控，其具体的业务流程如图 8-4 所示。

以上业务模式是以核心企业的需求为基础，推出的供应链金融服务，能够较为快速地满足融资企业的融资需求。

8.3　基于核心企业供应链金融的风险管理

在基于核心企业的供应链金融中，核心企业掌握供应链上下游企业的业务交易情况以及资金的划拨，具有强劲的掌控力，理论上风险会较小，

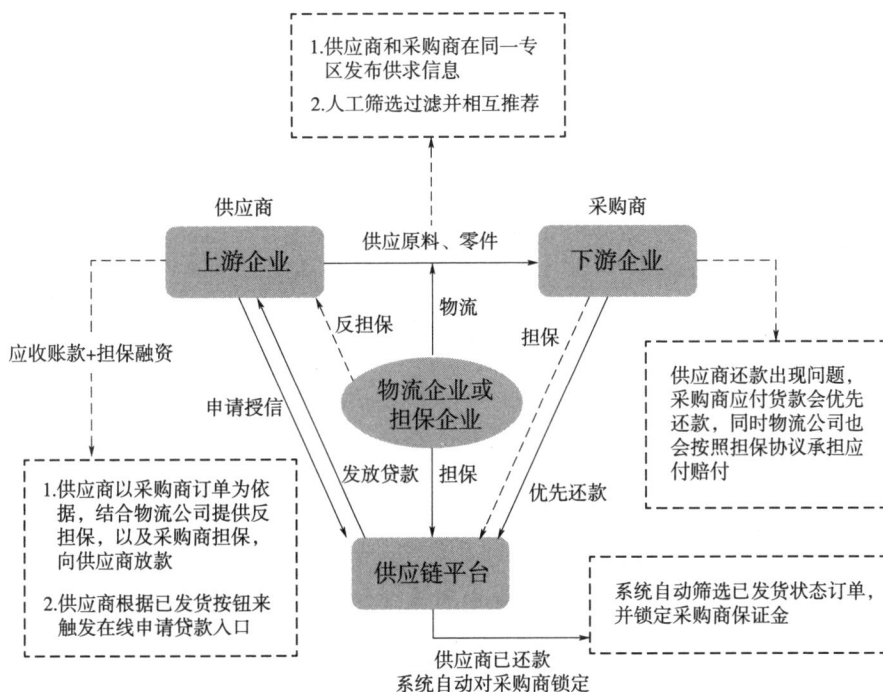

图 8-4　"1+N"模式

但是,实际风险还是不容忽视的。核心企业在给上下游企业信用加持时,有哪些关键指标可以帮助其作信用评价?核心企业一般又是如何进行额度确定和总体风险控制的呢?这就涉及风险管理。

风险类型与来源

通常,核心企业的经营风险、信用风险及合同风险是供应链融资风险的主要类型。进一步分析,经营风险主要来源于企业内部的经营管理能力,信用风险主要来源于企业的付款意愿,而合作风险主要来源于合同本身的缺陷和违约风险。

　　某电商企业是世界 500 强企业,年净收入超过万亿元,运营稳健,能够严格按照合同期限对上游供应商支付货款。可以说,该电商企业规模大、实力雄厚,其经营风险、信用风险及合同风险都很低,符合开展供应链金融的基本条件。基于此,银行等金融机构可以以该电商企业为核心企业,为其上游优质供应商设计供应链融资产品。

　　当然,该电商企业的风险低并不代表没有风险,具体来说可能存在以下几个风险点:

　　①企业自身风险。包括市场环境、经营、税务、管理层变动等风险。比如,该电商企业发生管理层变动,新任管理层是否会延续原有的经营策略,是否会按照原有的合同向上游供应商支付货款,类似这些不确定因素都会给供应链金融带来风险。再比如,受经济环境影响,电商企业所处的行业环境不景气,电商企业的收入下降会不会导致其资金链存在压力,从而影响其合同执行能力发生风险,等等,这些风险一旦产生,将严重影响供应链融资的安全性。

　　②上游供应商的风险。包括供货和产品质量是否稳定,以及经营是否规范,是否符合监管部门的监管要求等风险。供应链金融的相关主体要根据上游供应商和该电商企业的交易数据动态评估这些风险发生的概率,并准备好应对策略。

　　③上游供应商和该电商企业的合作风险。主要表现在上游供应商和该电商企业的合作是否出现合作中止等问题,其中供货规模的波动能够反映很多问题,因此及时了解该大型购物超市和供应商的交易数据是非常重要的。

风险控制策略

基于核心企业的供应链金融可以通过以下三个策略做好风险控制。

（1）动态评估核心企业的经营信息，降低经营风险

核心企业的经营风险直接影响整个供应链的健康运行，同时会影响其上下游企业的正常运营。持续动态评估核心企业经营信心的主要目的是便于及时调整金融机构对供应链上下游企业的金融产品或服务。动态评估核心企业的经营风险需要及时关注核心企业的资产负债表、利润表、现金流量表及所有者权益变动表等财务报表的变动情况，以从中得到有关核心企业的经营信息。

（2）动态评估核心企业的履约能力，降低信用风险

信用风险又称违约风险，通常产生在企业遭受重大损失、资金周转困难或启动重大项目时。当核心企业信用风险增加时，核心企业对融资企业的信用加持被淡化，银行等金融机构所承担的风险相应增加。动态评估核心企业的信用风险，就需要动态评估核心企业的获利能力、偿还意愿等履约能力。

（3）持续关注上下游企业和核心企业的合作关系，降低合同风险

核心企业在供应链中所处的地位决定了其拥有一定的特权，在其与上下游企业的合同中属于制定者，这就导致弱势方的融资企业在合同制定过程中处于被动，一旦合同出现问题，特别是资金结算条款出现问题，供应链金融将会面临巨大危机。要想解决这一问题，银行等金融机构就需要通过核心企业的信息共享及时掌握合同细节，避免出现合同争议，同时关注供应链结构的变化，及时调整金融产品或服务。

第9章　基于核心企业供应链金融的实践

　　不同行业和地区的供应链特点不同,其核心企业对供应链金融的需求也会不同,开展供应链金融业务的风险也存在差异。

9.1　贸易企业供应链金融

　　贸易企业是指主要从事商品流通,专门从事商品交换活动的公司。以前,在商品同质化严重、成本差异化缩小的情况下,单一渠道的优势是贸易企业在市场竞争中生存和发展的重点。但是,随着互联网技术和物流行业的发展,大型连锁超市和电子商务伴随百货业的没落而得以快速兴起,生产企业开始向贸易流通领域进军。

通常,贸易企业需要具备包括仓储、包装加工、装卸、运输及信息传递等物流职能,但是贸易企业物流网络的不完善、不细化,以及运营过程中的资金障碍,使得贸易企业无法真正在市场上取得竞争优势。同时,随着互联网技术和信息化的快速发展,贸易企业的物流和产业链在管理和流通中的信息不对称程度正逐渐下降。那么,如何从原来单一的商品交换和流通活动转向多功能的市场和综合物流服务,成为贸易企业需要思考的重要问题。

在这样的背景下,贸易企业如何利用供应链金融服务提升竞争力成为其必须面对的课题之一。贸易企业若是能够在供应链金融中实现价值重塑,则能够帮助整条供应链开源节流。一方面,能够为供应链上下游企业提供专业化的物流服务,将终端下沉到自身难以触及的区域,提高经营业绩;另一方面,可以为供应链上下游企业提供综合性、集约化的流通服务,以及供应链运营的增值服务,降低运营成本。

在具体实践中,以贸易企业为核心企业的供应链金融有以下三种模式,如图 9-1 所示。

图 9-1　贸易企业供应链金融模式的三种业务形态

物流导向型供应链金融模式

物流导向型贸易企业最擅长的是实体物流运营,它不仅可以较为轻松地为供应链上下游企业提供全面的仓储、运输、商检和通关等服务,还能提供一些增值服务。但是,物流导向型贸易企业在协同商务和市场开拓等方面处于劣势,无法为供应链上下游企业提供太多帮助。

随着生产模式的发展,一方面上游生产企业开始采取多品种、小批量混流生产的模式,单品生产规模变小、难度增大;另一方面下游销售企业为了减少库存,只在有需要时才会发出订单请求并支付货款,过于分散的配送增加物流成本,配送效率降低使回笼资金的风险加大。

上游生产企业与下游销售企业之间在物流配送上的分歧给贸易企业带来发掘生存和发展的空间。进一步说,贸易企业可以通过两个方面彰显自己的生存发展空间。

(1)提供物流配送服务

贸易企业拥有丰富的物流服务经验,以及相对完善和先进的物流设施,因此贸易企业可以利用自身在物流服务上的优势,通过扩大物流服务范围来连接供应链中的上下游企业,解决商品配送与仓储等物流要求上的差异。

(2)提供资金融通服务

贸易企业拥有资金融通能力,可以为上下游企业提供资金,以此来帮助上游生产企业及时获得贷款,这样下游销售企业也能提高资金支付效率。

要想实现这类供应链金融模式,贸易企业需要具备以下三个条件:

①贸易企业要与上下游企业取得互相信任,建立紧密的合作关系。

②贸易企业要具备良好的物流运营能力,或者具有管理第三方物流企业的综合能力。

③贸易企业自身应具备资金融通能力。

市场导向型供应链金融模式

在纷繁复杂的贸易环境下，一方面供应链将分散到各地的商业活动有机联系起来，促进各商业主体之间的信息交互，降低成本；另一方面供应链中的各节点企业之间的信息交互也决定了整个供应链的运作效率，从而影响链上各节点企业的效益以及客户对所需产品或服务的满意度。但是，随着供应、生产和销售网络不同程度的发展，链上各节点企业在获取信息以及信息共享等方面均面临巨大的障碍，供应链资金流动也变得极为艰难。

市场导向型供应链金融模式能很好地解决这一难题。市场导向型贸易企业具有较好的协同商务能力，能够使供应链上下游企业的交易更高效地完成。市场导向型贸易企业可以通过交易平台与生产企业或者物流企业联系业务。具体来说，市场导向型贸易企业一方面可以利用交易平台向生产商下达委托订单，使生产企业准时生产或者转包给其他供应商，以在最短的时间内完成生产任务，并随时向该委托企业反馈进度；另一方面可以向物流企业下达服务委托，使其安排物流运营活动，组织物流资源，并随时反馈物流信息，从而准时将产品送达客户企业。

贸易企业在这个过程中构建了商流，发挥了平台作用，也承担了销售和订单管理的责任和风险。当然，在这个过程中，贸易企业并没有过多涉足物流活动，只是发挥自身协同商务和市场拓展的能力，使供应链上各成员能够方便快捷地进行信息共享和交易，并通过融资行为加速供应链资金流动，缩短现金流量周期，降低成本，如此，贸易企业也就成为供应链商流运行中的重要一环。

要想实现这类供应链金融模式，贸易企业需要具备以下四个条件：

①贸易企业要对供应链产业的关键环节和要素了如指掌。

②贸易企业要建立功能强大的信息平台,促进链上各成员进行信息交互,协调各方的业务流程。

③贸易企业要充分发挥协同商务的能力,通过掌握上下游企业的信用,解决交易和资金流动障碍问题。

④贸易企业能够很好地进行资金融通,且具备良好的风险管控能力。

一体化供应链金融服务模式

一体化供应链金融服务模式,是指结合物流导向型供应链金融服务模式与市场导向型供应链金融模式,这样既能为上下游企业提供全程物流服务,又能为客户企业提供深度分销服务。

由于大型企业已经掌控了优质分销网络,提高了行业壁垒,中小微型企业的产品分销面临很多困难,很难取得竞争优势。如果中小微型企业仍然按照原有的分销模式进行地毯式的推销,按照传统的地域进行划分,很难在竞争中取得优势;相反,采用逆向分销策略,先从终端市场做起,对竞争品牌进行深入了解后,再有计划地合理设计分销渠道,才能确保取得优势。在此基础上,企业再将逆向分销和原有的顺向分销有机结合,提高分销成功的概率。

如果贸易企业能够提供一体化服务,便可以帮助客户企业在逆向分销上减少成本,而且解决其分销资金短缺的问题。贸易企业想要融入供应链整体运营,成为供应链的组织者和网络的协调者,除了具备协同贸易和销售的能力,还要具备以下能力:

(1)协同设计能力

贸易企业与上游生产企业共同参与方案或者产品的设计,通过信息共享高效了解终端客户企业的需求,采用对应的供应链运营体系。

(2)协同采购能力

贸易企业与客户企业进行信息共享,协同资金流、物流库存和订单执行,同时获得消息并据此调整供应计划和交付过程,从而使采购与供应一气呵成。

(3)协同生产能力

贸易企业和其他企业通过"竞争—合作—协调"的方式组织在一起,并相互配合,从而使总体效益优于各部分之和。

要想实现这类供应链金融模式,贸易企业必须具备以下四个条件:

①贸易企业要具备大数据运用能力,深入了解相关行业供应链运营的特点,发现其中存在的问题。

②贸易企业要能够整合各方成员,并聚合各服务要素,打造具有成长活力和盈利潜力的供应链生态平台。

③贸易企业能够很好地进行资金融通,并具备良好的资金风险管理能力。

④贸易企业要具备深度分销能力,建设完善的分销网络。

9.2　物流企业供应链金融

物流企业是指从事运输、仓储、配送等物流相关活动的公司,是供应链金融资金闭环运行的重要保障。所以,以物流企业为核心企业的供应链金融具有一定的先天优势,其主要模式是在精确控制抵押标的物的基础上为供应链上下游企业提供融资服务。

以物流企业为核心企业的供应链金融模式有两点优势：一是物流企业掌握着供应链最真实的物流信息；二是物流企业具有完整的控货能力，能够精确控制抵押标的物的流通。

顺丰的金融服务起始于2011年，于同年12月成功获得第三方支付牌照。2014年，顺丰获得银行卡收单牌照，并于同年推出"顺小贷""仓储融资""保理融资"等信贷产品。2015年，顺丰组建金融服务事业部，上线"丰仓贷""顺手贷""联丰贷"等信贷产品。顺丰金融于2016年10月正式创立，并于2017年取得网络小贷牌照，开始发力供应链金融。

背靠强大的物流体系和支付结算工具，顺丰金融已实现物流、信息流、资金流"三流合一"，建立了包括应收账款融资、动产质押融资、预付账款融资等多种模式的供应链金融服务体系，为140万中小企业客户提供"物流+金融"的综合解决方案。

随着不断地发展，顺丰已完成了从单一的快递业务向综合物流服务商的转型，在"三流合一"的基础上增加了"商流"，实现"四流合一"。首先在物流上，其构建了包括顺丰快运、顺丰速运、顺心捷达、顺丰供应链的物流系统；其次在信息流和资金流方面，顺风金融会引入历史交易数据、支付交易数据、物流系统信息以及征信等信息；最后在商流方面，顺丰拥有顺丰优选和顺丰海淘等。

顺风金融不断提升其在交易数据、物流信息、系统对接、监控系统等方面的能力，从而为供应链金融业务提供有力保障，为上下游企业提供优质的服务。

以物流企业为核心企业的供应链金融业务相对比较复杂，其涉及业务种类更多，除了基础的物流服务，还要与金融机构合作并提供金融服务。

物流企业的供应链金融业务在运行过程中涉及业务种类主要有以下几种：

①供应链上下游企业与金融机构的存贷款业务。

②投资方对物流货物和物流设施的投资业务。

③企业之间的物流租赁业务或质押业务。

④物流企业的贴现业务。

⑤物流过程中的保险业务。

⑥物流企业的证券发行和交易业务。

⑦金融机构介入其中开发的中间业务。

在传统供应链金融运营模式中，物流企业在融资活动中的作用比较小，通常只是赚取物流服务费用，信贷交易双方的主要关注点只是确保产品的物流过程安全顺畅。虽然物流企业掌握交易产品、了解交易流程，但这些信息很难向金融机构传递，形成了信息孤岛。

相比较而言，以物流企业为核心企业的供应链金融在业务模式上有了很大的创新，在这中间物流企业既承担了物流职能，又承担了一些资金管理的职能。物流企业与金融机构合作向供应链上下游企业提供融资服务，不仅拓展了自己的业务空间，还促进了交易的开展和持续。同时，金融机构也通过与物流企业合作，降低了信息不对称带来的潜在风险。

可以说，物流企业开展供应链金融具有很大的优势，而且物流企业拥有大量的交易和物流信息，也能根据这些信息做好风险管理。比如，物流企业在开展未来货权类业务时，可根据供应链的交易和物流信息来做好风险管控。同时，由于物流企业掌握了货物的流转，这为质押标的物的安全流转以及贷款偿还提供了保障。

以物流企业为核心企业的供应链金融模式主要有代收货款、托收、融通仓、授信融资等几种基本的业务形态。

代收货款供应链金融模式

代收货款是指物流企业在对产品进行运输配送时,受发货人(卖方)委托代为向收货人(买方)收取货款,然后将货款转交发货人从中收取相应的费用。这是物流企业供应链金融的初级形态,物流企业在其中发挥的作用比较有限。

托收供应链金融模式

托收是指物流企业承运货物时,先代替收货人(买方)向发货人(卖方)预付一定比例的货款,收货人在收货时再向物流企业交付货款用于偿还贷款。相较于代收货款,托收这种业务形态是物流企业在物流业务的基础上加入了资金流转,一定程度上缓解了发货人的资金占用问题。

融通仓供应链金融模式

有些企业的原料采购和产品销售存在批量性和季节性的特点,因此需要维持一定的库存量。融通仓是物流企业和金融机构提供的一种金融与物流集成创新服务——物流企业凭借良好的仓储、配送和贸易条件,与金融机构合作,帮助上下游的中小微型企业获得质押贷款融资。在这种形态中,物流企业最显著的价值就是让金融机构对一些原材料、工业半成品等动产,从不愿接受到乐于接受。

授信融资供应链金融模式

授信融资是指金融机构给予物流企业一定的授信额度,物流企业可以对授信额度自行分配,向供应链上下游企业提供灵活的质押贷款。这种业务形态的优势在于减少了质押贷款的一些烦琐细节,更有助于和物流企业有关联的供应链上下游企业便利地获得融资,从某种程度上说,相当于金融机构将质押融资的部分业务外包给物流企业,物流企业独立负责对质押物的监管并承担风险。

9.3　生产性服务企业供应链金融

生产性服务企业是指为工业生产提供保障服务的公司,主要提供人力资本服务和知识资本服务。通常,生产性服务企业与工业生产密切相关,是通过提供专业化的人才和先进技术促进工业技术进步、产业升级和提高生产效率的。进一步说,生产性服务企业是一种与制造业企业直接相关的配套服务提供者,其依附于制造业企业而存在,并不直接向消费者提供服务。

生产性服务企业作为服务的提供者,以什么样的方式和途径满足个性化的客户企业价值诉求以及系统生产要求,决定了生产性服务企业所在的供应链的运行效率。供应链金融作为供应链运行中一种重要的服务投入要素,积极作用于生产性服务企业中,对于供应链运营能够起到很好的推动作用,发挥着重要的价值。

根据金融在供应链中发挥的价值和作用来分,以生产性服务企业为核心企业的供应链金融模式主要有以下三种业务形态。

流程产业化供应链金融

流程产业化供应链金融模式是指生产性服务企业充分运用信息技术和互联网技术打破空间和时间的束缚,通过整合外部金融资源使其参与供应链的订单执行,帮助供应链实现原料采购、生产加工、物流及分销的高度整合,构建从原材料供应商、制造商到渠道商的完整运营体系,帮助供应链实现产业化、组织化、标准化的生产经营体系。

在这种供应链金融模式的业务形态下,金融活动主要起到两方面的作用:

> ①黏合供应链节点企业之间的合作关系,通过资金支持迅速聚合节点企业,实现系统化运营。
>
> ②通过金融与生产经营的结合,实现供应链节点企业管理活动的效益最大化。进一步说,通过减少应收和应付账款的时间,可以在不影响正常应收应付的情况下,帮助生产经营活动顺利开展。

定向产业化供应链金融

定向产业化供应链金融是指生产性服务企业凭借自身的技术和服务,通过金融杠杆促进供应链上下游的整合,为供应链节点企业提供定制化的融资方案,稳定供应链节点企业关系,实现供应链的高效运营。

在这种供应链金融的业务形态中,一般是充当核心企业的生产性服务企业和金融机构合作,双方共同为供应链节点企业提供定制化的金融方案。

因此,定向产业化的供应链金融模式,一般就是作为核心企业的生产性服务企业凭借自身的能力和社会资源,以供应链节点企业为特定对象,通过引入金融资源帮助供应链节点企业融资,促进供应链顺利运营,同时拓展供应链服务的空间。

作为核心企业的生产性服务企业既可以通过金融服务稳定自己的供应链,又能通过供应链的健康发展带动金融资源的增加,从而形成一种良性循环,有助于巩固其与上下游企业之间的关系。生产性服务企业要想开展这种供应链金融业务,需要满足以下几个条件:

①自身的供应链网络已经非常成熟,具有完善的供应链管理体系。

②具有较强的技术和人才储备,以及产品运营能力,能满足不同客户企业的技术诉求。

③要具备承担供应链风险和金融风险的能力。

④要具备丰厚的社会资源和强大的商业信誉,且在供应链中有较高的地位。

整合产业化供应链金融

整合产业化供应链金融是指结合了流程产业化供应链金融和定向产业化供应链金融两者的特点,高度整合供应链全流程,生产性服务企业依托自身的技术和服务,开展供应链金融业务,为供应链节点企业提供针对性金融服务,保障供应链稳定运营。

这种供应链金融的业务形态集流程产业化供应链金融和定向产业化供应链金融的优势于一身,既能帮助供应链实现原料采购、生产加工、物流及分销的高度整合,构建从原材料供应商、制造商到渠道商的完整运营体系,使供应链实现产业化、组织化、标准化的生产经营体系,又能凭借自身的技术和服务,通过金融杠杆促进供应链上下游的整合,为供应链节点企业提供定制化的融资方案,稳定供应链节点企业关系,实现供应链的高效运营。生产性服务企业要想开展整合产业化供应链金融业务,需要具备以下几个条件:

①不仅要具备生产领域管理能力,还要具备良好的渠道拓展能力、组织和运营能力。

②要具备较强的技术和服务能力,有充足的技术和人才储备。

③具有一定的金融资源,并且拥有整合金融资源和供应链运营的能力。

④具备较强的应对供应链运营风险和金融风险的管理能力。

9.4　科技型企业供应链金融

科技型企业是指具有较高技术含量和核心竞争力的产品,并且能够根据供应链的信息和特定需求开发供应链管理产品和服务的公司。

科技型企业供应链金融模式

近年来,越来越多的科技企业开始进入供应链金融市场谋求发展,与金融机构开展频繁的业务往来。通常来说,与金融机构合作开展供应链金融业务的科技型企业有两种:

①平台型的中间企业,其主要价值是为核心企业和金融机构提供数字技术支持的应用软件服务等。

②产业系的金融科技企业,通常其自身就是供应链的核心企业或节点企业。

科技型企业供应链金融模式是指科技型企业通过与金融机构合作,对供应链节点企业进行梳理,助力金融机构创新信贷模式,增强对中小微型企业的信贷支持,实现合作共赢的供应链金融生态。

电脑品牌 A 与其战略合作伙伴科技型企业 B 以及银行 C 之间形成了稳定的合作关系。

在银行 C——产业型金融科技企业(科技型企业 B)——中小微型企业(电脑品牌 A 的上下游企业)这条供应链金融生态系统中,科技型企业 B 起到了桥梁的作用。

科技型企业 B 作为电脑品牌 A 的合作伙伴利用自身的先进技术,通过分析电脑市场行情,并结合电脑品牌 A 所处供应链的物流、信息流、资金流、商流,协助银行 C 针对供应链上下游中小微型企业建立多维度金融业务模型。科技型企业 B 还通过实时采集供应链基础数据,结合市场行情和经销商历史销售情况,对经销商进行实时的动态评估,协助银行 C 更好地完成贷前调查及风险控制前置。

电脑品牌 A 经过多年的发展,已成为全球领先的电脑设备制造商,但是也存在一定的发展困境,其庞大的经销网络中的个体经销商的实力、规模差异很大,大部分经销商仅凭自身资质很难通过金融机构的贷款审批,这些困境的存在也为三方共建供应链金融平台奠定了基础。

另外,因为大多数供应链金融服务都向上游供应商倾斜,对下游的经销商却不友好。通过供应链金融,银行 C 与科技型企业 B 可以很好地解决这一难点。具体来说,银行 C 与科技企业 B 对电脑企业 A 旗下经销商的经营数据进行分析,印证供应链真实交易数据,使放贷资金在供应链中闭环运作,既满足了经销商的资金需求,也保障了银行 C 的放贷资金的安全。

以上供应链金融模式具有三者共赢的优势:金融机构的精准获客和风控效率得到提升,供应链上下游中小微型企业的资金需求得以满足,产业生态闭环逐渐完善,实现互利共赢的局面。

　　综合来看,供应链金融既能让金融机构无法精准"滴灌"的难题得以解决,实现精准获客目的,又能通过供应链金融让科技企业得到相应的支持和服务,实现发展,同时还能解决供应链上下游中小微型企业的资金需求。

科技型企业供应链金融风险

　　2020 年 9 月,中国人民银行、工业和信息化部、司法部、商务部、国资委、市场监管总局、银保监会、外汇局联合发布了《关于规范发展供应链金融支持供应链产业链稳定循环和优化升级的意见》银发〔2020〕226 号,(以下简称《意见》)。《意见》中明确指出,"探索提升供应链融资结算线上化和数字化水平"。

　　《意见》强调了金融科技在供应链金融中的作用,特别是在防范金融风险方面的独特作用,这一提法肯定了数字化供应链金融未来的发展前景,服务供应链金融的第三方科技企业也将迎来新的发展机遇。

　　《意见》中有关科技赋能的内容,对于促进金融科技创新应用到供应链金融业务中有着重要意义。以金融科技创新为抓手,能够有效提升产业链上中小微型企业的融资效率,解决不同场景下企业的多样性融资需求,推进供应链金融创新、可持续发展。

　　虽然科技企业为供应链金融的发展注入了活力,但是在发展科技型企业供应链金融的同时,也需要注意科技风险的问题。风险问题的规避既需要企业自身具有风险防范意识,并设计相关的措施,还需要配套的法律法规来保护。

> 《意见》明确指出,"防范金融科技风险。供应链金融各参与方应合理运用区块链、大数据、人工智能等新一代信息技术,持续加强供应链金融服务平台、信息系统等方面的安全保障、运行监控与应急处置能力,切实防范信息安全、网络安全等风险"。

总之,在监管政策的鼓励和大数据风控、区块链等技术推动下,科技型企业在未来将有更广阔的发展空间,将在供应链金融服务市场大有可为。

9.5　电商平台供应链金融

电商平台一般是指电子商务平台,是为企业或个人提供网上交易洽谈的平台。电商平台突破了时间与空间的限制,是一种通过互联网技术手段实现商业获利的经济组织。

电商平台弥补了传统供应链的不足。传统的供应链管理一般建立在专有网络上,搭建基础设施需要投入大量的资金,这就让供应链局限于具备一定实力的大型企业。电商平台突破了供应链的局限,其通过实现全球化网络共享,从而让中小微型企业有机会以较低的成本加入全球化供应链中。

随着电商企业的数量越来越多、交易规模逐渐扩大,大量的交易数据资源为供应链金融的发展提供了可靠的支持。在以电商平台为核心的供应链金融模式中,不再仅仅依赖核心企业的信用,只要中小微型企业能够提供稳定的、真实的、可持续的交易数据、物流数据,也会获得相应的融资支持。

另外,随着互联网的快速发展,信息传递渠道也变得更加高效,提升了金融机构、电商平台、中小微型企业之间信息交互的效率,极大地改善了传统供应链金融的信息不对称情况,并得以对供应链金融参与者进行全面风险管控,使中小微型企业个性化融资需求得到满足。

一般来说,中小微型企业的融资需求发生在销售、采购和经营三个阶段,因此在具体实践中,以电商平台为核心的供应链金融模式通常有三种业务形态:销售电商供应链金融、采购电商供应链金融、整合电商供应链金融。

销售电商供应链金融

销售电商供应链金融是指为围绕经销商或消费者开展的电商供应链运营活动提供融资服务。销售电商供应链金融产生的基础有以下四点:

> ①为了有效地掌握销售渠道,为客户企业提供优质的产品和服务。
>
> ②以电商供应链为基础打造特色服务,形成独特的经营模式和产品。
>
> ③电商平台不断优化自身的商品和服务,以提升吸引力和竞争力。
>
> ④电商平台保证供应链上所有参与者的交易安全,最大化地降低因管理不当而给参与方造成损失。

销售电商供应链金融创新地将所有的交易和物流信息与平台强大的数据分析与流程管理能力结合起来,针对供应链流程的参与者,金融机构基于交易前、中、后发生的订单、库存、应收账款等信息和数据提供金融服务。

> 京东商城(以下简称京东)是 B2C 电子商务平台,其优质的上游供应商和下游消费者是供应链金融业务的潜在客户。京东海量的真实交易数据和大数据技术为供应链金融业务的开展提供优质的大数据资源保障。这些都是京东开展供应链金融业务的天然优势。

据中国轻工产业供应链金融发展论坛数据显示,2022年京东"618"期间,京东供应链金融科技联合各类金融机构为供应商及小微企业提供京保贝、京小贷、企业主贷、动产融资、金采、票据等金融服务,累计支持资金超过3000亿元。

京东供应链金融模式主要有金融机构放贷和自有资金放贷两种业务形式。

①金融机构放贷,即京东作为核心企业提供信用支持,将有融资需求的优质供应商推荐给合作的金融机构,金融机构经过审核发放贷款。

②自有资金放贷,即京东用自有资金向有融资需求的优质供应商发放贷款,例如京保贝。

与联合金融机构放贷不同,京保贝运用的是京东自有资金。京东凭借自身的数据资源优势,对供应商的采购、销售等财务数据直接获得并评估,从而对供应商发放贷款。从供应商提出贷款申请到京东发放贷款,凭借自有大数据技术,整个放款周期可以缩短到3分钟,且无须任何担保或抵押。同时,京保贝的融资期限长达90天,按天计息,融资金额和还款时间还可由供应商自主决定。

京东供应链金融是电商平台基于大数据技术开展供应链金融的典型案例。可以说,掌握有效的、真实的交易数据和大数据技术对于电商平台开展销售电商供应链金融业务具有极其重要的价值。

在实践销售电商供应链金融业务形态过程中,电商平台需要满足以下四个条件:

①电商平台与供应链金融参与者共享物流、资金流、信息流、商流。

②电商平台拥有较强的管理和协调供应链金融参与方的能力，可以有效维系各方的关系。

③电商平台拥有大规模高效率的运营方式。

④电商平台拥有大数据和信息管理的能力，能够有效把控风险。

采购电商供应链金融

采购电商供应链金融是指为围绕采购商开展的电商供应链运营活动提供融资服务，由电商平台承担信息的收集、分析与传递并提供信用支持，联合金融机构为采购商发放贷款。

采购电商供应链金融产生的基础是以某电商平台为支点整合整个供应链，通过信息技术建立快速、高效的垂直供应链平台，其参与者必须是相互独立的经济主体。

采购商的资金需求一般是因为账期出现问题或产品价格出现波动，因此采购电商供应链金融一般采用基于预付账款融资的业务模式，使采购商的账期尽量延长。预付款融资通常是以预付款项下采购商对供应商的提货权，或者金融机构指定第三方物流仓库的既定仓单为担保基础。

在电商供应链中，采购、物流等环节均是在电商平台进行，电商平台可以提供相关的数据和信息支持，因此采购商可以基于这些数据和信息提出融资需求，从而获得信贷支持。同时，电商平台提供的数据和信息支持，也为金融机构的风险管控提供依据。在实践采购电商供应链金融业务形态过程中，电商平台需要满足以下三个条件：

①电商平台具备良好的行业整合能力、互联网技术应用能力和信息管理能力等。

②电商平台具备良好的供需管理能力、融资管理能力和物流管理能力,可以有效整合采购、金融、物流三个方面。

③电商平台具备良好的信用管理能力,能够最大化地为供应链金融参与者降低成本和风险。

整合电商供应链金融

整合电商供应链是指利用互联网和电商平台实现对信息的有效整合,将采购、生产和销售的过程形成一个整体,其目的是缩短供应链运营流程、降低成本、提高运营效率。

整合电商供应链金融结合了销售电商供应链金融与采购电商供应链金融,覆盖从采购到消费者的整个供应链体系。因此,整合电商供应链金融并不会对中小微型企业在供应链上的位置进行界定,而是基于中小微型企业的融资需求提供针对性的解决方案。在实践整合电商供应链金融业务形态过程中,电商平台需要满足以下四个条件:

①电商平台具备良好的运营能力。

②电商平台对供应链金融参与者具备良好的信用管理能力。

③电商平台具备良好的物流管理能力。

④电商平台具备建立包括金融机构、供应商、物流等在内的生态系统的能力。

整合电商供应链金融是电商平台供应链金融未来的发展方向和必然趋势,国内已经有不少大型电商平台在朝着这个方向发展。

第 4 篇

基于商业银行的供应链金融

¥ 票

商业银行

第10章 商业银行视角下的供应链金融

为了进一步拓展业务范围,获得更多的收入,同时遵循国家政策法规解决中小微型企业融资困难和成本高的问题,很多商业银行在供应链金融领域也做出了积极的探索。本章将从商业银行的视角分析供应链金融的实践价值和方向。

10.1 供应链金融对于商业银行的意义

现阶段,银行仍然是供应链金融最大的资金提供方。商业银行针对供应链核心企业的关联企业提供的金融服务,是为供应链从原材料采购、生产制造和商品销售环节提供有针对性的金融解决方案。

供应链金融对于商业银行的意义主要表现在以下两个方面。

从商业银行自身发展的角度分析

供应链金融可以帮助商业银行实现自身提升,提高产品服务和创新能力、提高市场营销能力,以及改善资产质量、提升传统商业银行业务的工作效率和降低业务处理风险等。

(1)倒逼商业银行提高产品服务和创新能力

当前,世界经济发展日新月异,传统的金融产品和服务难以适应供应链全球化的节奏,供应链金融应时而生。供应链金融的快速发展,业务领域的逐渐拓展和新的业务形态的出现,必然倒逼商业银行提高业务工作效率、创新金融产品。

(2)推动商业银行提高市场营销能力,实现银企互利共赢

商业银行传统的营销方式大多是依靠社会关系和价格竞争,针对的是单个的企业类型。供应链金融面向的是供应链节点企业,通过供应链核心企业与上下游中小微企业捆绑来提供授信,一旦哪个环节出现问题将失去更多的客户,甚至导致整个供应链的节点企业遭受损失,这就需要商业银行的市场营销从面向单个企业扩展到同时面向整条供应链的节点企业,必须清楚地了解供应链与其核心企业以及上下游中小微型企业的经营状况,从而开展精准营销。

(3)帮助商业银行降低资本消耗、改善信贷资产质量

供应链金融业务的开展是在真实的贸易背景和融资前提下进行的,资金是在供应链闭环运营,这就决定了其风险系数偏小,能够降低商业银行的不良贷款率,从而降低资本消耗。此外,大数据、物联网、人工智能和区块链等供应链及供应链金融相关技术手段的运用可以最大化地保障信贷资金用途的准确性,有利于降低信贷资金被挪用的风险,从而改善信贷资产质量。

从商业银行管理变革的角度分析

随着供应链金融及其管理理念的发展,近年来,供应链金融的主流管理

思想是把核心企业、上下游节点企业及其他参与者看作一个整体,并强化它们的合作关系,从而达到降低供应链经营成本、提高供应链经营效率和竞争优势的目的,这种思想也在商业银行产生了化学反应,促使商业银行进行相应的变革。从商业银行变革的角度分析,供应链金融对于商业银行的意义主要表现在以下三点:

(1)促进商业银行营销管理的变革

商业银行为供应链节点企业提供全面的金融服务方案,以获得更多的交易机会。为了更好地满足供应链节点企业的融资需求,适应不断变化的供应链金融行业规则和发展模式,商业银行需要在营销管理方面进行变革来提升自身的专业水平和竞争力。比如,设置供应链金融产品经理、风险经理等专业的独立营销团队;制定"传统信贷产品+供应链金融产品""现金管理+贸易金融+投资银行产品"等供应链金融营销政策和策略。

(2)促进商业银行风险管理的变革

传统商业银行的金融模式主要关注信用风险和法律风险,缺乏对流程风险的重视。供应链金融是一个全过程、多环节的集合链,强调注重全过程风险管理,主要包括风险迁移、制定风险解决方案、风险预警等多个流程环节,这也促使商业银行在开展供应链金融业务的过程中,实行全过程风险管理,全方位关注流程风险、信用风险和法律风险。

(3)促使商业银行对客户管理的变革

供应链金融的目标客户定位相对明确,由核心企业、供应商、制造商、经销商等供应链节点企业共同组成,其共同特征是都依赖供应链核心企业的信用。商业银行通过采用向整条供应链集体授信的方式,有效地加强供应链节点企业之间的关联性、互动性与依存性,从而改变了商业银行按照维度对企业进行分层、分类管理的复杂管理方式。

总之,不管是从商业银行自身发展的角度还是从商业银行管理变革的角度进行分析,供应链金融对于商业银行来说都具有非常重要的意义,都是商业银行业务发展的必然方向和趋势。

10.2　商业银行如何支持供应链金融

供应链的发展使得贸易关联企业之间的合作愈发紧密,提高整条供应链的竞争力也成了供应链节点企业的共同心愿,传统的贸易融资产品势必无法满足供应链节点企业的融资需求,适合供应链节点企业的金融产品的开发成为商业银行的必然选择。

在这一背景下,在传统的贸易金融产品的基础上,商业银行为供应链节点企业开发出针对性的金融产品和服务,也就是供应链金融。

商业银行供应链金融的发展,同时也面临传统的风险控制思维转变难、交易背景真实性问题制约有效授信、获取交易信息成本较高等特点。基于此,为了更好地支持供应链金融的发展,商业银行需要做出以下改变:

建立有效的制度支持平台

一方面,商业银行要制定相对统一、完善的业务操作流程,让供应链金融的运作有据可依,明确各方权责;另一方面,商业银行要建立对贷款的债项评级制度,有效地控制债项本身的交易风险、客户信用风险和债项交易风险,最大化地减少供应链金融风险的发生。

建立与物流企业的合作关系

商业银行通过与规模大、实力强、制度完善的物流企业合作,物流企业提供仓储监管、物流配送和信息处理等服务平台。银行通过与物流企业的合作,能够即时掌握供应链的经营活动和交易信息,灵活、精准地评估授信额度,同时降低风险发生的可能性,实现更全面、更便捷地为供应链上下游中小微型企业提供融资的目标。

建立供应链金融产品创新与服务支持系统

基于供应链特点及供应链金融创新的背景、特点及趋势,商业银行根据供应链上下游中小微型企业的融资需求研发新的融资模式和金融产品,在传统融资模式基础上加大包括应收账款融资、动产质押融资和预付账款融资等资源的倾斜,满足更多中小微型企业的资金需求。

10.3　商业银行供应链金融产品

随着时代发展,金融经济环境发生了巨大的变化,行业之间的竞争也愈发激烈,商业银行供应链金融产品在日益复杂的社会经济环境中的重要作用得以突显。商业银行只有不断地推出更多符合供应链需求的金融产品,才能实现利润增长,在竞争激烈的市场环境中生存并稳定发展下去。

常见的商业银行供应链金融产品包括基础金融产品、衍生金融产品和组合金融产品三大类。

基础金融产品

基础金融产品分为三类:资产类产品、负债类产品、中间业务类产品,其中资产类产品包括票据贴现、承兑汇票、贷款等;负债类产品包括同业拆借、央行(中国人民银行简称)拆借、金融债券、存款等;中间业务类产品包括结算、汇兑、租赁、咨询等。

衍生金融产品

衍生金融产品是依靠某种资产而派生出来的金融产品,其出现的关键原因是随着金融业的发展和客户需求的变化,客户更趋向于高质量、高价值的金融产品。与此同时,客户对个性化、高层化的金融产品创新的需求也在提升,这些变化使得具有高附加值、创新性,甚至个性化的衍生金融产品有了长足的发展空间。

具体来说,衍生金融产品主要包括利率期货、票据发行便利、金融期货交易、期权交易、货币利率互换、备用贷款承诺和循环贷款等。

组合金融产品

组合金融产品是具有混合特性的多种金融产品的混合体,具有多种金融产品的性质和特点。从客户需求和一体化服务角度来说,组合金融产品从低到高包含三个层次,其客户附加值逐层增加。

> 第一个层次是将商业银行、证券、保险的金融产品交叉销售。
>
> 第二个层次是将商业银行、证券、保险的金融产品打包销售。
>
> 第三个层次是将合适的金融产品销售给合适的客户,依据客户的个性化需求量身定制组合金融产品。

组合金融产品具体包括银证、银保、银证保业务资产证券化、银证保产品组合、各类金融产品之间、金融产品与非金融产品之间相互组合。

总之,商业银行供应链金融产品的推出,体现了商业银行从产品中心化思想向以客户中心化思想的转化。原有商业银行的产品较多地集中在单一的资产类产品、中间业务类产品、负债类产品等方面,但这些从商业银行视角出发的产品,逐渐难以满足客户的实际需要,因而逐渐被多样化的、创新性的产品所替代,这些产品也帮助商业银行实现了长期良好的绩效。

10.4　商业银行开展供应链金融的关键点

商业银行开展供应链金融,通过对供应链提供整体授信在解决中小微型企业风险承受能力低、融资成本高等问题上发挥了重要作用。商业银行通过为供应链中较为弱势的中小微型企业提供资金支持,增强供应链节点企业之间的紧密合作,促进整个供应链的正常运营和发展。

可以看出,供应链金融和商业银行相辅相成,且供应链金融对商业银行有着重要的价值,但是要想最大化地发挥供应链金融的价值,商业银行也需要充分了解开展供应链金融的关键点。具体来说,商业银行需要注意以下几点。

核心企业的选择

通过前面几章的内容,我们了解到核心企业规模大、实力强,对供应链组成有决定权,对供应商、经销商等上下游企业有较强控制力,对供应链金融的发展起到决定性作用。同时,核心企业也是供应链金融中决定风险的特异性变量。从金融风险分散原则的角度来看,核心企业因其对供应链的较强控制力成为供应链金融风险控制的重中之重,一旦发生违约行为,会对供应链金融带来难以估计的影响。

因此,商业银行在开展供应链金融时要慎重挑选核心企业,重点考查以下三点:

(1)考察核心企业的经营实力

核心企业的经营实力反映在其股权结构、主营业务、投资收益、负债情况、信用记录、市场份额、发展前景等多个方面,在以上条件符合授信的情况下,再根据往年收支比率、利润增长率等数据,综合供应链整体运营情况,设定供应链授信限额。

同时,商业银行要及时调查和动态评估核心企业的营业收入、设备管理、人力资源、质量控制、成本控制、技术开发以及产品价格等各个方面,一旦发现问题,就要及时调整授信限额并采取干预措施。

(2)考察核心企业对上下游企业的管理能力

要想了解核心企业对供应链上下游企业的管理能力,重点要了解以下三个方面:

> ①了解核心企业对供应商、经销商等上下游企业的准入和退出管理机制是否科学、完善。
>
> ②了解核心企业是否制定科学、完善的供应链经营流程机制、信息共享机制、财务制度等。
>
> ③了解核心企业对供应商和经销商等上下游企业是否设定激励和约束机制。

(3)考察核心企业的风险控制能力

要想考察核心企业的风险控制能力,商业银行就要让核心企业提供真实交易信息,包括采购、生产、销售等环节的合同、发票、物流及资金流等数据。

在核查数据时,商业银行要着重注意贸易的真实性、业务合作的存续性和用款理由的合理性。除此之外,商业银行还要强化核心企业的枢纽作用。比如,商业银行可以将核心企业的上下游企业的评级准入标准纳入核心企业授信中,并进行统一管理,直接使用核心企业授信额度等。

做好风险管控

商业银行在开展供应链金融时的风险主要包括市场风险、操作风险、客

户资信风险、法律政策风险、自然环境风险等五类风险。要想控制风险,商业银行在开展供应链金融时要做好以下四点:

①要坚持全面风险管理原则。将供应链金融面对的五类主要风险纳入银行金融风险管理体系,将其与其他业务风险合并管理,并制定有针对性的风险防控措施。

②要动态关注供应链金融的运作情况,掌握供应链内部运营以及外部市场环境的变化。根据内外部变化预测事态的发展趋势,提前做好风险评判和应对策略,调整授信限额和资金回收方案。

③重点做好关键环节的风险控制。比如,交易信息真实性、信贷资金封闭运行、信贷资金偿还监控、质押品监控等。

④建立完善的预警机制及应急处理预案。充分利用大数据应用、人工智能、区块链等科学技术时时关注供应链及供应链金融运行情况,设定相关数据预警临界值。

扩大供应链金融网络辐射范围

随着供应链的快速发展,金融市场环境发生了巨大的改变,商业银行开展供应链金融的网络辐射范围也在不断地扩大。如此,商业银行不仅可以获得更多的发展机会,还能更好地让供应链金融服务到更多的企业。

商业银行要想扩大供应链金融网络辐射范围,就要做好以下四点:

①加大对核心企业的支持力度。对先进制造业、现代服务业、贸易高质量发展等国家战略及关键领域的核心企业,商业银行可加大支持力度,建立绿色通道,及时响应融资需求。

②打通和修复全球产业链。商业银行要充分利用境内外分支机构，联动支持外贸转型升级基地建设，开拓多元化市场，支持出口企业与境外合作伙伴恢复商贸往来，通过提供买方信贷、出口应收账款融资、保单融资等方式支持出口企业接单履约。

③积极与融资服务平台对接。商业银行要积极与应收账款等融资服务平台对接，减少应收账款确权的时间和成本，支持中小微企业高效融资。

④发展针对性的供应链金融业务。商业银行要结合不同区域的特色，围绕不同行业特点打造全链条行业专属的解决方案。

促进线上、线下场景加快融合

要想满足更多客户的需求，商业银行在发展供应链金融时就要加快促进线上和线下场景的融合。一方面，商业银行要提升供应链金融管理线上化和数字化水平，加强推广与核心企业、第三方科技公司的供应链平台互联互通，完善供应链信息系统建设，深度参与供应链运行过程，全面跟进供应链采购、生产、销售、物流等环节；另一方面，商业银行也要积极与优质第三方供应链平台对接，进一步强化双方的优势，提供更具有针对性的优质服务。

积极向普惠化、线上化、数字化转型

商业银行要积极采取线上线下相融合的方式，积极推动其向普惠化、线上化、数字化方向大力发展，加大人工智能和大数据应用等技术的投入，提升数字化融资和流程处理的能力。

总之，未来商业银行开展供应链金融将会朝着以上五个方向发展，这样既能提供更优质的服务，又能实现转型，将在社会经济发展中发挥更巨大的作用。

第11章　基于商业银行的供应链金融模式

供应链金融有着独特的业务模式和业务体系,同时,它在操作运行过程中还存在一些问题需要解决,尤其是基于商业银行的供应链金融。商业银行作为资金提供方,必须充分认识供应链金融的风险,从而采取有效措施,最大化地发挥供应链金融的效力。

11.1　基于商业银行供应链金融的业务模式

作为商业银行针对供应链提供整体授信的一种金融服务,供应链金融在解决中小微型企业融资困难、风险承受能力低等问题上发挥了重要作用。

2001 年,深圳发展银行开始试点存货融资业务(全称为动产及货权质押授信业务），这也是最早的供应链金融业务模式，这一业务模式系统地对供应链中的应收、预付、存货提出了结构性的金融解决方案。随着供应链金融的不断发展，基于商业银行的供应链金融业务模式也在不断创新，其主要包括"1+N"业务模式和"1+M+N"业务模式。

"1+N"业务模式

"1+N"业务模式是指围绕1个核心企业，为其上下游的N个关联企业提供融资服务的一种融资模式。在这种模式中，商业银行会根据供应链中各成员的不同情况，针对性地提供供应链金融解决方案。

在"1+N"业务模式中，主要要义是通过1个核心企业来带动整个供应链中N个上下游关联企业的发展，这种业务模式的价值在于在一定程度上解决银企之间的信息不对称问题和中小微型企业抵押担保不足等问题，从而使得部分中小微型企业成功获得信贷支持。

在"1+N"业务模式下，商业银行为1个核心企业和N个上下游关联企业提供有差异的供应链金融产品，具体见表11-1。

表11-1　"1+N"业务模式下的供应链金融产品

客户企业	合作特点	供应链金融产品
核心企业	核心企业因其规模大、实力强，是商业银行的主要争夺目标，这就使得核心企业在融资市场往往占据主导地位，一些核心企业甚至可以对融资规模、融资成本和融资效率提出要求	短期优惠利率贷款、企业信用贷款和票据业务等
上游企业	上游企业的融资担保标的物一般是其与核心企业在贸易往来中的应收账款	一般以应收账款为主，同时会配合票据贴现和订单融资等产品一同使用
下游企业	下游企业的融资担保一般是其与核心企业贸易往来过程中的预付款之后的提货权（包括在途存货和库存存货）	一般以预付账款为主，有时还会使用短期流动资金贷款加以补充

相较于传统的金融模式,"1+N"业务模式通过与核心企业合作的方式帮助商业银行进入供应链运作之中,再通过供应链运作过程的真实交易信息,为供应链各成员提供具体的供应链金融产品。

从现阶段发展来看,"1+N"业务模式存在的缺陷也比较明显,对于商业银行来说,整个模式中的最大难点就集中在 1 上。由于核心企业始终掌握着供应链的重要数据,因此,商业银行在筛选出不同供应链的核心企业之后,还需要想方设法让核心企业配合自己开展业务。即便核心企业愿意配合开展业务,商业银行还要努力将供应链中的重要核心数据进行统一和归类,这个过程是复杂且困难的。如果这一步践行得不够完善,商业银行就无法准确评估供应链上中小微型企业的融资需求和信用风险。

为了克服"1+N"模式存在的诸多问题,商业银行大力开展业务创新,推出了"1+M+N"模式等新的供应链金融模式。

"1+M+N"业务模式

"1+M+N"业务模式是指一家商业银行与数个核心企业组成战略联盟,并整合核心企业所在供应链的上下游中小微型企业,组建功能完整的具有多核结构的一种新型网络供应链,其中"1"指商业银行,"M"指规模大、实力强的核心企业,"N"为各核心企业所在供应链上下游中小微型企业。

"1+M+N"业务模式是为改善"1+N"业务模式的局限性创新而来。

"1+M+N"业务模式下的商业银行通过融资企业在供应链的行业特点及其所处位置,为其提供针对性的金融服务。

"1+N"业务模式中的 1 个核心大企业具有一定的局限性和个体性,但是"1+M+N"跳出了单一产业供应链条的局限,将业务范围扩展到 M 个核心企业所在的所有供应链网络中。另外,融资企业也不仅是某一个供应链的节点企业,可以同时是多个供应链的节点企业,能够得到多个供应链的信用加持。

从产品创新角度来看,"1+M+N"业务模式的创新点在于担保方式的创新以及目标客户群的创新。

(1)担保方式的创新

在"1+N"业务模式中,中小微型企业融资申请通常只能得到 1 个核心企业信用加持;而在"1+M+N"业务模式中,中小微型企业融资申请最多可扩大至 M 个核心企业进行信用加持。

(2)目标客户群的创新

在"1+N"业务模式中,商业银行锁定核心企业后,一般是以 1 个核心企业的关键供应商、经销商为重点授信对象;而在"1+M+N"业务模式中,商业银行的授信对象扩大至 M 个核心企业的关键供应商、经销商,甚至这些经销商、供应商的关联企业,目标客户群多倍放大。

综上,"1+M+N"业务模式是在"1+N"业务模式的基础上进行的创新发展,它既修正了"1+N"业务模式的不足和局限,还扩大了目标客户群,为商业银行带来更大的发展空间。

11.2　基于商业银行供应链金融的风险管理

商业银行作为资金提供方,常常会受到各种事先无法预测的不确定因素带来的金融风险的威胁,比如实际收益低于预期收益、资金无法收回等。

一直以来,我国的商业银行大多沿用总分行制的管理模式:在银行总部之下,按区域设立分支机构,分支机构在特定区域内自主经营,这种传统组织管理架构无法适应供应链金融。商业银行传统组织管理架构无法适应供应链金融的主要原因有以下三点:

①业务的空间跨度大。供应链的节点企业具有地域广的特点。受成本限制,商业银行分区经营很难对空间跨度大的供应链全链条进行业务开发和提供金融服务。

②业务运行自成系统。供应链金融业务自成系统,其资金是闭环运营。从融资申请、信用审核、资金发放、资金流通到资金回收,供应链金融采用的技术、操作流程、盈利模式以及风险控制都与传统的授信业务存在极大不同。与传统的流动资金授信业务相比较,供应链融资金融业务运行自成系统,无论是信贷技术、操作流程、产品运用还是营销模式和盈利模式,两者都有着极大的不同,这也使得商业银行在实践供应链金融时若仍沿用传统业务的作业框架,结果就会不尽人意。

③业务的专业化程度高。供应链金融需要对信息流、物流和资金流精准控制,其专业化程度高。商业银行传统的组织管理架构很难做到精细化分工,很难发挥供应链效率优势而获取规模经济,甚至存在系统性风险。

基于以上问题,商业银行在开展供应链金融业务过程中面临诸多风险,如果不能充分认识这些风险,并对应做好风险管理,商业银行将很难顺利开展供应链金融业务。

商业银行可能面临的供应链金融风险

商业银行可能面临的供应链金融风险可以分为以下五类:

(1)信用风险

信用风险是指商业银行在开展供应链金融业务过程中,由于种种原因,融资企业不愿或无力偿还信贷资金而遭受损失的风险。一般来说,供应链金融的信用风险主要由经济运行的紧缩期和公司自身因素等两方面原因造成,其中经济运行的紧缩期,企业盈利情况总体恶化,信用风险增加;公司自身因素包括经营策略错误、特殊事件发生等。

（2）内控风险

内控风险是指商业银行在开展供应链金融业务过程中,影响内部控制功效发挥和目标实现或导致内部控制失效的不确定性风险。内控风险的影响因素有很多,包括内部执行力度不够或者方法措施不到位、治理结构不完善、监督不到位、信息和沟通不畅等。

（3）操作风险

巴塞尔银行监管委员会对操作风险的定义是:操作风险是由不完善或有问题的内部操作过程、人员、系统或外部事件所导致的一种直接或间接性损失的风险。操作风险主要包括内部欺诈、技能匮乏、核心技术人员流失、金融产品设计缺陷、财务制度不完善、结算或支付失误、系统设计缺陷、硬件损坏、缺乏安全管理、外部欺诈、业务外包风险、不可抗力等,它也是商业银行进行供应链融资风险管理的重点。

（4）市场风险

市场风险是指商业银行在开展供应链金融业务过程中,由于市场经济环境的变化所带来的损失,如担保标的物的市场价格降低等。此外,市场风险还与产品的质量、更新换代速度、正负面信息的披露等方面有关联,这些都会直接影响质押标的物的获利价值和销售。

（5）法律风险

法律风险是指商业银行在开展供应链金融业务过程中,由于外部的法律环境发生变化或者商业银行违反相关法律法规遭受的损失。另外,法律的不确定性以及法律体系不完善等也会给商业银行带来风险。

商业银行供应链金融风险管理措施

要想做好供应链金融风险管理,商业银行可采取的措施主要包括以下两点:

(1)对供应链金融进行风险控制的基本措施

一般来说,在供应链金融业务中,商业银行风险控制的基本措施大致分为六种类型:预防策略、规避策略、转嫁策略、分散策略、保值策略和补偿策略。预防策略是指防止损失发生或控制损失的防范性措施,包括制定授信调查、审查、审批和贷后管理制度等。规避策略与预防策略有类似之处,更多的是权衡风险和收益。转嫁策略是指通过合法手段将风险转移的措施,包括信贷保险、设定担保等。分散策略是指通过多样化的信贷组合来分散风险,包括授信数量、对象、用途的分散化。保值策略是指利用衍生工具对冲各种风险,谨防产生新的风险。补偿策略包括价格补偿、保险补偿、担保补偿、法律补偿等。

(2)利用技术创新,提升供应链金融信用风险的防范能力

目前我国的供应链金融处于初期阶段,信用体系尚未完善,其信用模型建设和数据业务流程信息化发展程度较低,这些导致供应链金融在获取信息和信息共享方面面临巨大障碍,给风险控制带来困难。随着互联网和信息化技术的发展,供应链金融的防范能力逐渐增强,技术创新成为未来供应链金融发展的强有力保障,包括大数据、云计算、人工智能、区块链、物联网等,为实现供应链金融的信息化、数字化、集成化和自动化赋能。

因此,在供应链金融未来的发展中,商业银行需要利用技术创新构建供应链金融信用管理技术平台,提高供应链金融的信用管理水平,从而有效预防和控制各类风险。

第12章　基于商业银行供应链金融的实践

基于商业银行供应链金融的实践主要表现在其与资金管理和资产证券化相结合,以充分发挥资金管理供应链金融模式和资产证券化供应链金融模式的特点和优势。

12.1　基于资金管理的供应链金融

随着规模的扩大和产业模式的延伸,很多企业的资金处于分散状态,资金流反馈滞后。为了使资金的使用效率更高,供应链核心企业、上下游企业与商业银行的交流与合作更紧密,基于资金管理的供应链金融应运而生并显现出其价值。

基于资金管理的供应链金融模式

基于资金管理的供应链金融在实践中的业务模式通常有两种：现金池模式和票据池模式。

（1）现金池模式

现金池是一种新型资金管理模式。

现金池模式是指集团企业的总部在银行开设一个现金池账户，其子公司也在该银行开立子账户，并且虚拟各子公司的统一透支额，在每个下午的某个时间，银行系统自动扫描子账户，并将子账户余额清零。

目前，我国已有很多大型集团企业在现金池模式上做了一些初步探索，现金池的重要价值也越发凸显出来。一方面，现金池集中管理体系能够有效降低交易成本和财务费用，有助于集团企业优化资源配置，发挥资金的最大优势。另一方面，在规定的时间，子账户资金被划拨主账户统一管理，其流动性和利用率得以提高。比如，A 子账户资金盈余，划拨到主账户以后再划拨到有资金需求的 B 账户中，A 子账户获得了利息收入，B 子账户解决了资金短缺问题。同时，商业银行会提供给各子公司一定贷款额度。

（2）票据池模式

票据池是指企业集团总部在商业银行建立票据池，集中管理子公司的票据业务。银行开具承兑汇票并且转让背书提供票据托管、票据托收、票据贴现、票据质押融资等金融业务。票据池能够在很大程度上减少企业的保管风险，降低票据管理成本。同时，票据池也使得商业银行和企业之间的合作关系更加紧密，其在供应链金融中的优势主要体现在以下几种业务形态，具体见表 12-1。

表 12-1　票据池模式对供应链金融的优势

业务形态	优　势
票据信息报告	①商业银行为企业建立票据账户,全面反映企业应收、应付票据信息以及票据收付结算明细信息 ②企业可通过电子渠道、柜面及时获取票据信息
票据托管	①企业可以降低票据保管风险,节约票据管理成本 ②票据到期时,商业银行受委托收款并即时划转到企业账户,既高效又安全
票据质押	①企业可将票据向商业银行质押,申请开立银行承兑汇票或办理其他授信业务 ②通过对质押票据到期托收的资金进行集中管理,可掌控质押票据到现金的转化情况

基于资金管理的供应链金融风险管理

现金池和票据池可以有效地降低集团内各个企业资金发生短缺的风险。

我们以拥有完善内控制度的集团企业为例介绍基于资金管理的供应链金融的风险管理。

(1)现金池和票据池扩大现金流

设立现金池和票据池最明显的优势就是增加了经营现金流,主要体现为成本低、加快现金回流、转移风险。

①申请承兑汇票通常只需要万分之五的手续费,而且不交押金就可以获得银行授信,所以成本低。

②对于降低应收款项,接受银行承兑汇票比重,并增加现销和现金收款,可以有效加快现金回流。

③银行承兑汇票与应付票据可以从风险上进行对冲与抵消,通过投保信用保险将风险转移给第三方,从而转移了风险。

（2）资金管理模式得到优化

基于资金管理的供应链金融可以有效地减少集团企业不愿承担的风险，使资金运营更高效。

---

①现金池让集团企业的资金从静态变为动态，使资金利用率更高，从而增加集团企业的现金流，降低集团企业现金短缺的概率。

②现金池把有盈余的子公司的闲置资金划拨给资金欠缺的子公司，资金欠缺的子公司不再需要从金融机构申请贷款，减少了集团企业的信贷成本。同时，票据池通过票据质押，可以按优惠利率获得银行贷款。

③现金池的资金最大化地被利用，可以减少集团企业应急资金的储备，从而减少集团企业每天的最低运营成本。

在供应链金融现金池模式和票据池模式下，集团企业的资金管理模式得到了进一步的优化。

基于资金管理的供应链财务管理

虽然票据池和现金池有着独特优势，但是单个集团企业的票据池能否长期可持续是企业必须面对的难题，尤其是票据池的长期可持续问题很难解决。集团企业通过票据池延长付款期限来增加自身现金流，但是其供应商不可能接受无限制的延长，甚至会持有对立情绪，从而影响其与供应商的良好合作关系。另外，票据池的应收票据也会因为下游企业违约而存在一定的风险。

为了解决现金池尤其是票据池长期可持续难题，商业银行可以通过供应链金融的资金管理，使单个集团的企业财务向供应链财务发展。商业银行依托集团企业（核心企业）建立供应链财务，集中管理整个供应链的资金流和物流,把单个企业的不可控风险转变为供应链的可控风险。通过供应链技术的应用,商业银行能够及时掌握整条供应链的资金流、物流和信息流,资金和票据在供应链中闭环运行,从而将风险程度降为最低。供应链财务既可以保持集团企业的现金池和票据池的所有优势,还可以解决现金池和票据池能否长期可持续的问题,同时还可以优化交易流程,甚至可以向更高层次的资金管理方向发展。

基于资金管理的供应链金融拥有诸多优势,随着供应链产业链的快速发展,其在金融市场的重要性将逐渐凸显,将为供应链的竞争力提升提供强大助力。

12.2　基于资产证券化的供应链金融

上游供应商企业对核心企业有着较强的依赖性,通常采取赊销方式来建立与核心企业的交易关系,容易形成大量应收账款。大量的应收账款使得上游供应商企业的现金资产减少,在很大程度上影响上游供应商企业的正常运转。上游供应商企业由于自身规模小、实力弱,受偿债能力的信用影响,从银行直接融资的授信额度有限,存在强烈的应收账款转现需求。

> 2016年2月14日人民银行等八部委印发《关于金融支持工业稳增长调结构增效益的若干意见》第七条:稳步推进资产证券化发展。进一步推进信贷资产证券化,支持银行通过盘活信贷存量加大对工业的信贷支持力度。加快推进住房和汽车贷款资产证券化。在审慎稳妥的前提下,选择少数符合条件的金融机构探索开展不良资产证券化试点。加快推进应收账款证券化等企业资产证券化业务发展,盘活工业企业存量资产。

供应链金融资产证券化是指商业银行以上游供应商企业的应收账款（核心企业的应付账款）为基础资产的未来所产生的现金流为偿付支持,发行可交易的供应链金融证券。它是围绕供应链核心企业信用的反向延伸,在核心企业的应付账款基础上开展的供应链金融创新模式,对核心企业和上游供应商企业有着以下四种好处:

①供应链金融资产证券化能够帮助上游供应商企业解决从银行直接融资授信额度有限、融资成本高等难题,实现应收账款转现,提高资金使用效率。

②供应链金融资产证券化能够实现核心企业的应付账款延期支付,扩大现金流。

③金融资产证券化可以采用"一次申报,分期发行"的方式,核心企业可以据此灵活安排融资节奏,降低财务成本。

④供应链金融资产证券化产品通常融资利率较低,可以平衡核心企业和上游供应商之间的利益分配,促进供应链良性发展。

另外,商业银行开展供应链金融资产证券化也有很多的益处,包括缓解资本金压力、增强资产流动性、调整资本风险、增加收益等。比如,商业银行可以利用供应链金融资产证券化来优化所持信贷资产结构,将风险资产从资产负债表中剔除出去,调整风险资产,提高资本充足率;可以将相对缺乏流动性、个别的资产转变为流动性高、可交易的金融商品,在不增加负债的前提下提高资产流动性,增加资产收益,等等。

无论是对商业银行和供应链节点企业的好处,还是国家对发展供应链金融资产证券化的支持,基于资产证券化的供应链金融都有着广阔的发展空间。

供应链金融资产证券化的特点

供应链金融资产证券化有着诸多的特点,具体来说,有以下三个特点:

(1)供应链金融资产证券化以反向保理为主,以核心企业的应付账款为基础

反向保理是指保理商沿着供应链交易链条的反方向,以核心企业的应付账款为基础资产,向核心企业的上游供应商企业的应收账款提供保理服务。银行根据核心企业的信用风险评估和保理商的保理,发行供应链金融资产证券化产品,用于解决核心企业的短期付款问题和上游供应商企业的流动资金融资。

反向保理是通过让核心企业的低信用风险替代上游供应商企业的高信用风险,从而降低上游供应商企业的融资成本。

(2)供应链金融资产证券化依托核心企业的信用发行

供应链金融资产证券化产品的最终付款方是核心企业,是以核心企业对上游供应商企业的应付账款为基础资产。保理商提供保理服务和银行发行供应链资产证券化产品的前提是评估核心企业的信用风险。可以说,供应链资产信用证券化产品的发行基础是核心企业的信用。

(3)供应链金融资产证券化多采用一次申报、分期发行

根据《上海证券交易所资产证券化业务问答(三)——资产支持证券分期发行》,资产证券化项目"一次申报、分期发行"需满足以下条件:

> 第一条,基础资产具备较高同质性,法律界定及业务形态属于相同类型,且风险特征不存在较大差异。
>
> 第二条,分期发行的各期资产支持证券使用相同的交易结构和增信安排,设置相同的基础资产合格标准,且合格标准包括相对清晰

明确的基础资产质量控制条款,比如资产池分散度、债务人影子评级分布等。

第三条,原始权益人能够持续产生与分期发行规模相适应的基础资产规模。

第四条,原始权益人或专项计划增信主体资质良好,原则上主体信用评级为 AA 级或以上。

第五条,资产证券化项目的计划管理人和相关参与方具备良好的履约能力和较为丰富的资产证券化业务经验。

供应链金融资产证券化的业务模式

通常来说,供应链金融资产证券化的业务模式有以下三种:

(1)"1+N"业务模式

在"1+N"业务模式中,其中 1 是指核心企业,N 是指上游供应商企业。

"1+N"业务模式是以一个核心企业的 N 个上游供应商企业的应收账款为基础资产,开展供应链金融资产证券化。上游供应商企业的应收账款可以通过供应链金融资产证券获得商业银行的授信,提前回收资金。核心企业的应付账款可以通过供应链金融资产证券在不增加自身负债的情况下延长支付期限。

(2)嫁接保理业务模式

在嫁接保理业务模式中,供应链上作为债权人向作为债务人的核心企业提供保理服务,而核心企业也会为供应链支付价款。保理商作为原始权益人会向上游供应商企业受让应收账款且支付受让款,上游供应商企业也会向保理商转让应收账款且收取转让款。

保理商先支付保理融资款,构建存量基础资产,再以存量基础资产向商业银行等支持机构申请供应链金融资产证券。商业银行等支持机构发行供应链金融资产证券。核心企业向商业银行等支持机构到期清偿应付款。商业银行向保理商支付基础资产购买对价。保理多为反向保理,需要在专项计划设立前向上游供应商企业支付受让款。在这过程中,保理商要承担基础资产差价补偿责任,如图 12-1 所示。

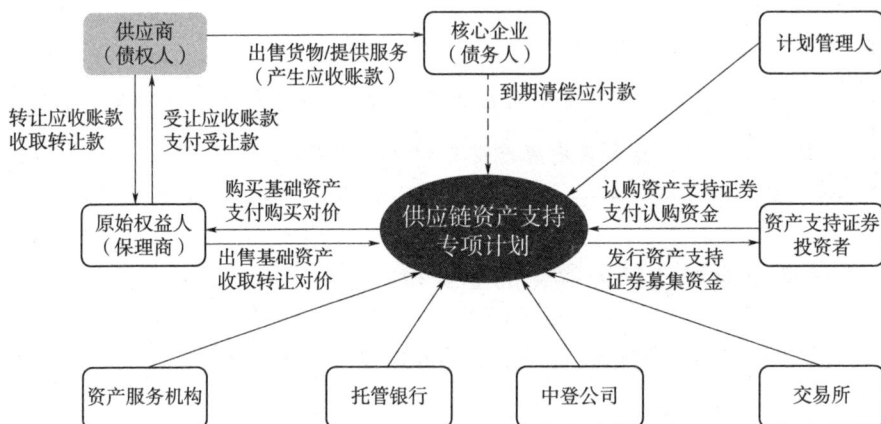

图 12-1 资产证券化:嫁接保理模式

(3)代理转让业务模式

在代理转让业务模式中,上游供应商企业作为原始受益人向核心企业出售货物或提供服务,产生应收账款。保理商会向上游供应商企业代理出售应收账款,形成存量基础资产。保理商再以存量基础资产向商业银行等支持机构申请供应链金融资产证券。商业银行等支持机构发行供应链金融资产证券。商业银行向保理商支付基础资产购买对价。核心企业向商业银行等支持机构到期清偿应付款。

在这一过程中,保理商因为无须提前支付保理融资款,所以可以节省相应的保理资金占用。上游供应商企业需待转向计划设立方可转现应收账款,如图 12-2 所示。

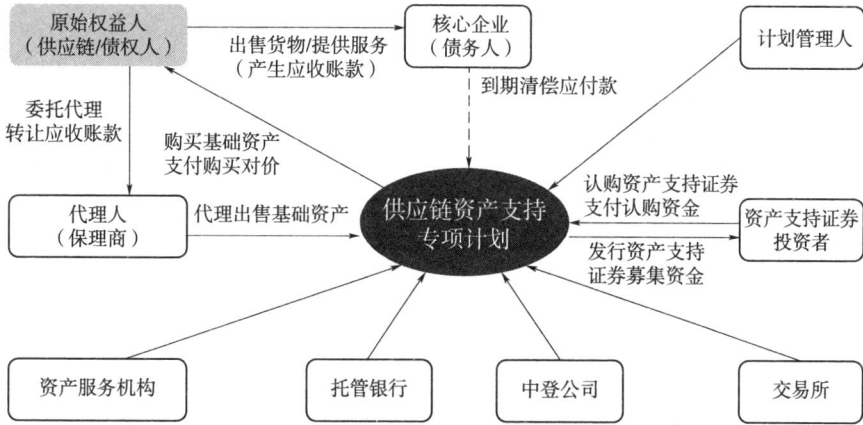

图 12-2　资产证券化:代理转让模式

总之,基于资产证券化的供应链金融有其各自的特点和优势,各方在发挥其优势的同时,也要规避其负面影响,从而最大化地发挥资产证券化供应链金融的独特魅力。

第 5 篇

相关政策法规

第13章 供应链金融发展的政策形势和政策支持

供应链金融的发展离不开与之息息相关的社会环境影响因素,其中政策因素更是有着决定其命脉的作用,既可以是驱动也可以是限制。本章将针对目前我国供应链金融发展的政策形势和政策支持及监管进行介绍。

13.1 供应链金融发展的政策形势

政策与法规是供应链金融发展的制度基础,在践行供应链金融的过程中,参与者都必须积极关注并遵守国家的政策法规。

一方面,近些年,供应链金融呈现快速发展的态势,国家相继通过政策法规积极推进供应链金融的发展,大力支持以金融科技为支撑的系列供应链金融模式创新。

另一方面,供应链金融在发展的过程中也问题频出,比如很多都脱离了真实贸易业务发生资金问题等,让供应链发展也面临坎坷。

另外,随着供应链金融的不断发展,国家将通过政策法规约束供应链金融发展的相关乱象,严格监管给供应链金融的发展带来了新挑战。2018 年被很多人称为"最强金融监管年",相关部门接连向金融业挥出重拳——银行业违规乱象被大力整治,比如金融机构被纳入中国银行保险监督管理委员会监管,民营金控公司必须获得中国人民银行颁发的金融控股公司牌照等,这些措施也进一步规范和约束了供应链金融的发展。

> 2020 年 9 月 18 日,中国人民银行、工业和信息化部、司法部、商务部、国务院国有资产监督管理委员会、国家市场监管总局、中国银行保险监督管理委员会、国家外汇管理局联合发布《关于规范发展供应链金融支持供应链产业链稳定循环和优化升级的意见》(银发〔2020〕226 号,以下简称《意见》)。《意见》从准确把握供应链金融的内涵和发展方向,稳步推进供应链金融规范、发展和创新,加强供应链金融配套基础设施建设,完善供应链金融政策支持体系,防范供应链金融风险,严格对供应链金融的监管约束等六个方面,提出了 23 条政策要求和措施。

下面,我们分别从支持和约束两个角度对《意见》中提出的相关政策进行解读,分析供应链金融发展的政策形势。

支持角度

从支持的角度看,《意见》作了以下规定:

(1)《意见》指出要稳步推动供应链金融规范、发展和创新

在稳步推动供应链金融规范、发展和创新方面,《意见》指出提升产业链整体金融服务水平、探索提升供应链融资结算线上化和数字化水平、加大对核心企业的支持力度、提升应收账款的标准化和透明度、提高中小微企业应收账款融资效率、支持打通和修复全球产业链、规范发展供应链存货、仓单和订单融资、增强对供应链金融的风险保障支持等要求。

其中,在加大对核心企业的支持力度方面,《意见》提出,在有效控制风险的前提下,综合运用信贷、债券等工具,支持核心企业提高融资能力和流动性管理水平,畅通和稳定上下游产业链条。支持核心企业发行债券融资支付上下游企业账款,发挥核心企业对产业链的资金支持作用。对先进制造业、现代服务业、贸易高质量发展等国家战略及关键领域的核心企业,银行等金融机构、债券管理部门可建立绿色通道,及时响应融资需求。

(2)《意见》指出加强供应链金融配套基础设施建设

《意见》指出要完善供应链票据平台功能,以及推动动产和权利担保统一登记公示。完善供应链票据平台功能是指加强供应链票据平台的票据签发、流转、融资相关系统功能建设,加快推广与核心企业、金融机构、第三方科技公司的供应链平台互联互通,明确各类平台

> 接入标准和流程规则,完善供应链信息与票据信息的匹配,探索建立交易真实性甄别和监测预警机制。推动动产和权利担保统一登记公示是指建立统一的动产和权利担保登记公示系统,逐步实现市场主体在一个平台上办理动产和权利担保登记。加强统一的动产和权利担保登记公示系统的数字化和要素标准化建设,支持金融机构通过接口方式批量办理查询和登记,提高登记公示办理效率。

另外,《意见》还支持了供应链产业链稳定升级和国家战略布局。供应链金融应以服务供应链产业链完整稳定为出发点和宗旨,顺应产业组织形态的变化,加快创新和规范发展,推动产业链修复重构和优化升级,加大对国家战略布局及关键领域的支持力度,充分发挥市场在资源配置中的决定性作用,促进经济结构调整。

可以说,《意见》推动了供应链金融的健康发展,尤其对于企业在应用区块链、大数据、人工智能等金融科技手段方面提供了大力的支持,给企业发展带来了新契机。

约束角度

在大力推动供应链金融发展的同时,为维持供应链金融的良性发展,防范金融风险同样也具有重要意义,包括加强核心企业信用风险防控、防范供应链金融业务操作风险、严格防控虚假交易和重复融资风险、防范金融科技应用风险等,具体如下:

(1)《意见》提出加强核心企业信用风险防控

金融机构应根据核心企业及供应链整体状况,建立基于核心企业贷款、债券、应付账款等一揽子风险识别和防控机制,充分利用现有平台,加强对核心企业应付账款的风险识别和风险防控。对于由核心企业承担最终偿付责任的供应链融资业务,遵守大额风险暴露的相关监管要求。

此外,《意见》还强调,核心企业不得一边故意占用上下游企业账款,一边通过关联机构提供应收账款融资赚取利息。各类供应链金融服务平台应付账款的流转应采用合法合规的金融工具,不得封闭循环和限定融资服务方。核心企业、第三方供应链平台公司以供应链金融的名义挤占中小微型企业利益的,相关部门应及时纠偏。

(2)《意见》提出严格防控虚假交易和重复融资风险

银行等金融机构对供应链融资要严格交易真实性审核,警惕虚增、虚构应收账款、存货及重复抵押质押行为。对以应收账款为底层资产的资产证券化、资产管理产品,承销商及资产管理人应切实履行尽职调查及必要的风控程序,强化对信息披露和投资者适当性的要求。

(3)《意见》提出防范金融科技应用风险

供应链金融各参与方应合理运用区块链、大数据、人工智能等新一代信息技术,持续加强供应链金融服务平台、信息系统等的安全保障、运行监控与应急处置能力,切实防范信息安全、网络安全等风险。

(4)《意见》严格防控虚假交易和重复融资风险

银行保险机构在开展供应链金融时要严格坚持交易背景真实,严防虚假交易、虚构融资、非法获利现象,确保直接获取第一手的原始交易信息,既要关注核心企业的风险变化,也要监测上下游链条企业的风险。

此外,《意见》还对完善供应链金融政策体系和严格对供应链金融的监管约束等方面做了详细说明。

总之,供应链金融发展的政策形势既有支持的一面,也有约束一面,这也进一步凸显国家希望供应链金融能够规范、有序、健康发展。

13.2　供应链金融发展的政策支持

　　自 2016 年以来,我国政府出台多项法规和政策以加速供应链金融行业的发展和创新,重点是通过数字渠道改善供应链上各公司的融资和流动资金状况,其中包括中国银保监会于 2019 年发布的《关于推动供应链金融服务实体经济的指导意见》(银保监发〔2019〕155 号)及上节中我们重点分析的《关于规范发展供应链金融 支持供应链产业链稳定循环和优化升级的意见》,这些政策法规也鼓励企业加强供应链管理的数字化建设,推进供应链金融行业的发展。

2016 年以来的政策列表

　　2016 年以来,国家针对供应链金融发展颁布的相关政策法规,见表 13-1。

表 13-1　供应链金融发展的政策法规支持

发布时间	发布机构	政策名称(方向)	相关内容解读
2016 年 2 月	中国人民银行、国家发展和改革委员会、工业和信息化部、财政部、商务部、中国银行业监督管理委员会、中国证券监督管理委员会、中国保险监督管理委员会	《关于金融支持工业稳增长调结构增效益的若干意见》	指出大力发展应收账款融资:推动更多供应链加入应收账款质押融资服务平台,支持商业银行进一步扩大应收账款质押融资规模。推动大企业和政府采购主体积极确认应收账款,帮助中小企业供应商融资 探索推进产融对接融合:探索开展企业集团财务公司延伸产业链金融服务试点。支持大企业设立产业创投基金,为产业链上下游创业者提供资金支持

发布时间	发布机构	政策名称(方向)	相关内容解读
2016 年 11 月	商务部、国家发展和改革委员会、工业和信息化部、财政部、国土资源部、农业部、中国人民银行、国家税务总局、国家工商行政管理总局、国家质量监督检验检疫总局等 10 部门	《国内贸易流通"十三五"发展规划》	创新流通基础设施投融资体制,推广政府和社会资本合作(PPP)模式。鼓励流通企业采用投资基金、动产质押等多种方式融资,发挥典当、融资租赁、商业保理等相关行业的补充作用,多渠道筹集内贸流通发展资金,降低企业融资成本。稳步推广供应链金融,开展消费金融公司试点,鼓励金融机构创新消费信贷产品和服务模式
2017 年 3 月	中国人民银行、工业和信息化部、中国银行业监督管理委员会、中国证券监督管理委员会、中国保险监督管理委员会	《关于金融支持制造强国建设的指导意见》(银发〔2017〕58 号)	大力发展产业链金融产品和服务:鼓励金融机构依托制造业产业链核心企业,积极开展仓单质押贷款、应收账款质押贷款、票据贴现、保理、国际国内信用证等各种形式的产业链金融业务,有效满足产业链上下游企业的融资需求。充分发挥人民银行应收账款融资服务平台的公共服务功能,降低银企对接成本。鼓励制造业核心企业、金融机构与人民银行应收账款融资服务平台进行对接,开发全流程、高效率的线上应收账款融资模式。研究推动制造业核心企业在银行间市场注册发行供应链融资票据 提出要大力发展产业链金融产品和服务,并明确依托中国人民银行建设的应收账款融资服务平台有效满足产业链上下游企业融资需求

续上表

发布时间	发布机构	政策名称（方向）	相关内容解读
2017 年 5 月	中国人民银行、工业和信息化部会同财政部、商务部、国务院国有资产监督管理委员会、中国银行业监督管理委员会、国家外汇管理局联合印发	《小微企业应收账款融资专项行动工作方案（2017—2019 年）》	提出动员更多的小型微型企业、供应链核心企业、金融机构、服务机构等主体注册为平台用户，打通小型微型企业通过平台实现融资的"入口"，在线开展应收账款融资业务
2017 年 10 月	国务院办公厅	《关于积极推进供应链创新与应用的指导意见》（国办发〔2017〕84 号）	积极稳妥发展供应链金融 推动供应链金融服务实体经济：推动全国和地方信用信息共享平台、商业银行、供应链核心企业等开放共享信息。鼓励商业银行、供应链核心企业等建立供应链金融服务平台，为供应链上下游中小微企业提供高效便捷的融资渠道。鼓励供应链核心企业、金融机构与人民银行征信中心建设的应收账款融资服务平台对接，发展线上应收账款等供应链金融模式 有效防范供应链金融风险：推动金融机构、供应链核心企业建立债项评级和主体评级相结合的风险控制体系，加强供应链大数据分析和应用，确保借贷资金基于真实交易。加强对供应链金融的风险监控，提高金融机构事中事后风险管理水平，确保资金流向实体经济。健全供应链金融担保、抵押、质押机制，鼓励依托人民银行征信中心建设的动产融资统一登记系统开展应收账款及其他动产融资质押和转让登记，防止重复质押和空单质押，推动供应链金融健康稳定发展

续上表

发布时间	发布机构	政策名称(方向)	相关内容解读
2017 年 1 月	商务部、国家发展和改革委员会、国土资源部、交通运输部、国家邮政局	《商贸物流发展"十三五"规划》	加大财政金融支持力度;鼓励地方政府加大财政资金支持,引导社会资本投入冷链物流、城乡配送网络、公共信息平台等项目建设。研究制定包装分类回收利用支持政策,提高包装循环利用率。鼓励社会资本探索设立商贸物流产业基金。扩大融资渠道,推广供应链金融。鼓励商贸物流企业通过股权投资、债券融资等方式直接融资。引导金融机构探索适合商贸物流发展特点的信贷产品和服务方式
2018 年 8 月	广东省人民政府	《广东省降低制造业企业成本支持实体经济发展的若干政策措施(修订版)》	鼓励银行、商业保理公司,财务公司等机构为制造业核心企业产业链上下游中小微企业提供应收账款融资,对帮助中小微企业特别是小微企业应收账款融资的相关企业择优进行支持
2019 年 1 月	深圳市人民政府金融工作办公室	《关于促进深圳市供应链金融发展的意见》	深圳率先出台了国内首个专门促进供应链金融发展的地方性文件。《意见》包含打造有影响力的供应链金融先行区、激发供应链金融各类主体市场活力、营造良好的供应链金融生态环境、建立供应链金融风险防控体系等四个方面,提出十二条政策要求和举措,覆盖了供应链金融的各类主体、全链条、全周期

续上表

发布时间	发布机构	政策名称(方向)	相关内容解读
2019 年 2 月	中共中央办公厅、国务院办公厅	《关于加强金融服务民营企业的若干意见》	减轻对抵押担保的过度依赖。商业银行要坚持审核第一还款来源,把主业突出、财务稳健、大股东及实际控制人信用良好作为授信主要依据,合理提高信用贷款比重。商业银行要依托产业链核心企业信用、真实交易背景和物流、信息流、资金流闭环,为上下游企业提供无须抵押担保的订单融资、应收应付账款融资
2019 年 5 月	上海市商务委员会、上海市发展和改革委员会、上海市经济和信息化委员会、上海市工商业联合会	《上海鼓励设立民营企业总部的若干意见》(沪商规[2019]1 号)	加大对民营企业总部的金融支持力度,积极拓宽民营企业融资渠道,在风险可控、商业可持续的前提下,综合运用信贷、债券、股权、理财、保险等渠道,提升对民营企业总部的金融综合化服务水平。支持民营企业总部开展供应链金融,对经认定的民营企业总部,可加入中征应收账款融资服务平台
2019 年 7 月	中国银行保险监督管理委员会	《关于推动供应链金融服务实体经济的指导意见》	要求银行保险机构应依托供应链核心企业,基于核心企业与上下游链条企业之间的真实交易,整合物流、信息流、资金流等各类信息,为供应链上下游链条企业提供融资、结算、现金管理等一揽子综合金融服务

续上表

发布时间	发布机构	政策名称(方向)	相关内容解读
2020 年 1 月	商务部、国家发展和改革委员会、教育部、工业和信息化部、财政部、人力资源和社会保障部、海关总署、国家税务总局等 8 部门	《关于推动服务外包加快转型升级的指导意见》(商服贸发〔2020〕12 号)	将企业开展云计算、基础软件、集成电路设计、区块链等信息技术研发和应用纳入国家科技计划(专项、基金等)支持范围。培育一批信息技术外包和制造业融合发展示范企业 各级政府部门要在确保安全的前提下,不断拓宽购买服务领域。鼓励企业特别是国有企业依法合规剥离非核心业务,购买供应链、呼叫中心、互联网营销推广、金融后台、采购等运营服务
2020 年 9 月	中国人民银行会同工业和信息化部、司法部、商务部、国务院国有资产监督管理委员会、国家市场监管总局、中国银行保险监督管理委员会、国家外汇管理局	《关于规范发展供应链金融支持供应链产业链稳定循环和优化升级的意见》(银发〔2020〕226 号)	从准确把握供应链金融的内涵和发展方向,稳步推进供应链金融规范、发展和创新,加强供应链金融配套基础设施建设,完善供应链金融政策支持体系,防范供应链金融风险,严格对供应链金融的监管约束等六个方面,提出了 23 条政策要求和举措
2021 年 3 月	国务院	2021 年《政府工作报告》	进一步解决小微企业融资难题……创新供应链金融服务模式。适当降低小微企业支付手续费。优化存款利率监管,推动实际贷款利率进一步降低,继续引导金融系统向实体经济让利。今年务必做到小微企业融资更便利、综合融资成本稳中有降

续上表

发布时间	发布机构	政策名称(方向)	相关内容解读
2021年3月	十三届全国人民代表大会四次会议	《中华人民共和国国民经济和社会发展第十四个五年规划和2035年远景目标纲要》	聚焦提高要素配置效率,推动供应链金融、信息数据、人力资源等服务创新发展。聚焦增强全产业链优势,提高现代物流、采购分销、生产控制、运营管理、售后服务等发展水平 稳妥发展金融科技,加快金融机构数字化转型。强化监管科技运用和金融创新风险评估,探索建立创新产品纠偏和暂停机制
2021年3月	商务部、工业和信息化部、生态环境部、农业农村部、人民银行、市场监管总局、银保监会、中国物流与采购联合发布	《商务部等8单位关于开展全国供应链创新与应用示范创建工作的通知》	鼓励金融机构积极发展流程型、智能型供应链金融业务,为上下游企业提供基于供应链的授信、保理、结算、保险等金融服务
2021年3月	国家发展改革委、教育部、科技部、工业和信息化部、司法部、人力资源社会保障部、自然资源部、生态环境部、交通运输部、商务部、人民银行、市场监管总局、银保监会	《关于加快推动制造服务业高质量发展的意见》(发改产业〔2017〕372号)	引导金融机构在依法合规、风险可控的前提下,加大对制造服务业企业的融资支持力度,支持符合条件的制造服务业企业开展债券融资,有效扩大知识产权、合同能源管理未来收益权等无形资产质押融资规模,创新发展供应链金融,逐步发展大型设备、公用设施、生产线等领域的设备租赁和融资租赁服务,开发适合制造服务业特点的金融产品,鼓励创投机构加大对制造服务业的资本投入。支持符合条件的制造服务业企业到主板、创业板及境外资本市场上市融资

续上表

发布时间	发布机构	政策名称（方向）	相关内容解读
2021 年 4 月	中国银行	《关于创新供应链金融服务模式全力支持产业链供应链现代化水平提升的十五条措施》	中国银行将充分发挥全球化、综合化、专业化优势，积极推动供应链金融数字化、场景化、智能化发展，全力打造开放型绿色供应链金融生态，为畅通国内国际双循环、提升产业链供应链现代化水平、助力实体经济发展贡献金融力量
2021 年 4 月	国家发展和改革委员会、工业和信息化部、财政部、中国人民银行	《关于做好 2021 年降成本重点工作的通知》（发改运行〔2021〕602 号）	创新供应链金融服务模式，以产业链和供应链为切入点，推广供应链票据和应收账款确权，增强银行与产业链的融合度和协同性。实施动产和权利担保统一登记。推动征信与信用评级机构为企业融资提供高质量的征信和评级服务。适当降低小微企业支付手续费
2021 年 8 月	工业和信息化部	《关于政协第十三届全国委员会第四次会议第 1526 号（工交邮电类 238 号）提案答复的函》	工业信息部门将与中国银行保险监督管理委员会、中华全国工商业联合会等部门继续加强合作，一是加强产业链供应链金融创新，推动发展供应链金融等金融产品，配合相关部门优化金融服务。二是进一步做好产融合作，配合全国工商联落实《全国工商联关于推动民营企业加快数字化转型发展的意见》，加强与数字化转型服务商的合作，促进民营平台企业发展。三是继续积极配合有关部门，做好政策宣传、引导服务工作，助力民营企业通过数字化转型，增强融资能力，缓解融资困难，促进金融资源更好地服务实体经济高质量发展

续上表

发布时间	发布机构	政策名称(方向)	相关内容解读
2021 年 9 月	工业和信息化部、中国人民银行、中国银行保险监督管理委员会、中国证券监督管理委员会	《工业和信息化部 人民银行 银保监会 证监会 关于加强产融合作推动工业绿色发展的指导意见》(工信部联财〔2021〕159 号)	鼓励金融机构加快金融科技应用,对工业企业、项目进行绿色数字画像和自动化评估,提升个性化服务能力。根据产业链数字图谱和重点行业碳达峰路线图,创新发展供应链金融,以绿色低碳效益明显的产业链领航企业、制造业单项冠军企业和专精特新"小巨人"企业为核心,加强对上下游小微企业的金融服务。不断探索新技术在金融领域的新场景、新应用,开展碳核算、碳足迹认证业务,提供基于行为数据的保险(UBI)等金融解决方案
2021 年 11 月	中国银行保险监督管理委员会	中国银保监会召开深化供应链融资改革专题会议	部分银行机构积极探索供应链融资新模式,利用物联网、区块链等新一代信息技术,完善风控技术和模型,提高金融服务的精准度、覆盖面和便利性。在保持业务稳健运行基础上,有效缓解小微企业融资困难,取得积极成效 鼓励银行机构围绕实体经济需求提供精准金融服务;督促银行机构加强行业研究,开展全产业链风险监测和企业授信管理,坚持交易背景真实,防控信息科技应用风险,严防担保链、担保圈风险;配合有关部门加强信用体系和供应链融资配套基础设施建设;鼓励有条件的地区在信息服务平台建设、规范发展供应链融资模式等领域积极探索

续上表

发布时间	发布机构	政策名称（方向）	相关内容解读
2021 年 12 月	工业和信息化部、国家发展和改革委员会、科学技术部、财政部、人力资源和社会保障部、农业农村部、商务部、文化和旅游部、中国人民银行、海关总署、国家税务总局、国家市场监督管理总局、国家统计局、中国银行保险监督管理委员会、中国证券监督管理委员会、国家知识产权局、中国国际贸易促进委员会、中华全国工商业联合会、国家开发银行	《"十四五"促进中小企业发展规划》	"中小企业融资促进工程"作为重点工程之一被提及，支持金融机构综合运用新一代信息技术等手段，创新服务模式，改进授信审批和风险管理模型，拓展服务中小企业的各类生产经营场景。推动完善动产融资统一登记公示系统，充分发挥应收账款融资服务平台作用。加强供应链票据平台的票据签发、流转、融资相关系统功能建设。发挥信托、租赁、保理等在中小企业融资中的作用。探索建立小微企业政府统保平台，为小微企业提供知识产权、出口信用等保险产品和服务。鼓励保险机构增加营业中断险、仓单财产保险等供应链保险产品供给，提供抵押质押、纯信用等多种形式的保证保险服务。支持期货公司为中小企业提供便捷、高效的风险管理服务。提高供应链金融数字化水平，强化供应链各方信息协同，通过"金融科技＋供应链场景"，实现核心企业"主体信用"、交易标的"物的信用"、交易信息产生的"数据信用"一体化的信息系统和风控系统，科学评估企业商业价值

发布时间	发布机构	政策名称(方向)	相关内容解读
2022 年 1 月	国家发展改革委	《"十四五"现代流通体系建设规划》	"十四五"期间,国家将聚焦补齐现代流通体系短板,从流通环境营造、流通空间优化、市场主体培育、现代化水平提升等四个方向上发力,加快形成现代流通统一大市场,发展现代商贸流通和现代物流两大体系,强化交通运输、金融和信用三方面支撑,为培育完整内需体系,促进形成强大国内市场,推动国民经济循环畅通,构建新发展格局提供有力支撑
2022 年 1 月	中国人民银行、市场监管总局、银保监会、证监会	《金融标准化"十四五"发展规划》(银发〔2022〕18 号)	《规划》以习近平新时代中国特色社会主义思想为指导,深入贯彻党的十九大和十九届历次全会精神,坚持以人民为中心,坚定不移贯彻新发展理念,以支撑金融业高质量发展为主题,以深化金融供给侧结构性改革为主线,以维护国家金融安全为底线,推动标准化与金融业重点领域深度融合,支持健全现代金融体系,融入和服务以国内大循环为主体、国内国际双循环相互促进的新发展格局 《规划》提出,到 2025 年,与现代金融体系相适应的标准体系基本建成,金融标准化的经济效益、社会效益、质量效益和生态效益充分显现,标准化支撑金融业高质量发展的地位和作用更加凸显。展望 2035 年,科学适用、结构合理、开放兼容、国际接轨的金融标准体系更加健全,市场驱动、政府引导、企业为主、社会

续上表

发布时间	发布机构	政策名称（方向）	相关内容解读
2022 年 1 月	中国人民银行会、市场监管总局、银保监会、证监会	《金融标准化"十四五"发展规划》（银发〔2022〕18 号）	参与、开放融合的金融标准化工作格局全面形成,标准化成为支撑金融业高质量发展的重要力量 《规划》明确七个方面的重点。一是标准化辅助现代金融管理。完善金融风险防控标准,健全金融业综合统计标准,推进金融消费者保护标准建设,加强标准对金融监管的支持。二是标准化助力健全金融市场体系。完善金融基础设施标准,深入推进证券期货标准建设,加大黄金市场标准供给,拓展升级保险市场标准。三是标准化支撑金融产品和服务创新。加快完善绿色金融标准体系,有效推进普惠金融标准建设,加强产业链供应链金融标准保障。四是标准化引领金融业数字生态建设。稳步推进金融科技标准建设,系统完善金融数据要素标准,健全金融信息基础设施标准,强化金融网络安全标准防护,推进金融业信息化核心技术安全可控标准建设。五是深化金融标准化高水平开放。加快先进金融国际标准转化应用,积极参与金融国际标准化活动。六是推动金融标准化改革创新。优化金融标准供给结构,强化金融标准实施应用,培育金融标准化服务业,推动金融标准检测认证协同发展。七是夯实金融标准化发展基础。优化金

续上表

发布时间	发布机构	政策名称（方向）	相关内容解读
2022 年 1 月	中国人民银行会、市场监管总局、银保监会、证监会	《金融标准化"十四五"发展规划》（银发〔2022〕18 号）	融标准化运行机制，提升金融机构标准化能力，推动金融标准化工作数字化转型，加强金融标准化人才队伍建设 《规划》提出加强组织领导、完善实施机制、强化宣传交流等保障措施，确保各项目标任务落到实处
2022 年 5 月	商务部、工业和信息化部、生态环境部、农业农村部、人民银行、市场监管总局、银保监会、中国物流与采购联合会	《关于印发〈全国供应链创新与应用示范创建工作规范〉的通知》（商流通函〔2022〕123 号）	为深入贯彻党中央、国务院关于提升产业链供应链现代化水平，维护产业链供应链安全稳定的决策部署，进一步落实《国务院办公厅关于积极推进供应链创新与应用的指导意见》（国办发〔2017〕84 号），切实做好全国供应链创新与应用示范创建工作，规范示范创建过程中的组织申报、评审认定、过程管理、绩效评估等 《通知》强调，示范创建工作按照广泛动员、自愿申报、科学评估、动态管理、严控质量的原则，遴选出在产业链供应链发展方面具有创新引领、协同高效、绿色低碳、弹性韧性优势的示范城市和示范企业 《通知》明确，商务部会同有关单位共同研究制定《全国供应链创新与应用示范城市（企业）评价指标体系》，每年认定一批城市和企业，分别授予"全国供应链创新与应用示范城市"和"全国供应链创新与应用示范企业"称号 《通知》明确了示范城市申报条件、示范企业申报条件，以及申报流程、专家评审、公示与认定、示范管理等具体要求

续上表

发布时间	发布机构	政策名称(方向)	相关内容解读
2022 年 12 月	国务院办公厅	《"十四五"现代物流发展规划》国发办〔2022〕17 号	《规划》指出,"十四五"时期要以习近平新时代中国特色社会主义思想为指导,坚持稳中求进工作总基调,完整、准确、全面贯彻新发展理念,加快构建新发展格局,全面深化改革开放,坚持创新驱动发展,推动高质量发展,坚持以供给侧结构性改革为主线,统筹疫情防控和经济社会发展,统筹发展和安全,提升产业链供应链韧性和安全水平,推动构建现代物流体系,推进现代物流提质、增效、降本,为建设现代产业体系、形成强大国内市场、推动高水平对外开放提供有力支撑 《规划》明确,按照"市场主导、政府引导,系统观念、统筹推进,创新驱动、联动融合,绿色低碳、安全韧性"原则,到 2025 年,基本建成供需适配、内外联通、安全高效、智慧绿色的现代物流体系,物流创新发展能力和企业竞争力显著增强,物流服务质量效率明显提升,"通道+枢纽+网络"运行体系基本形成,安全绿色发展水平大幅提高,现代物流发展制度环境更加完善。展望 2035 年,现代物流体系更加完善,具有国际竞争力的一流物流企业成长壮大,通达全球的物流服务网络更加健全,对区域协调发展和实体经济高质量发展的支撑引领更加有力

续上表

发布时间	发布机构	政策名称(方向)	相关内容解读
2022 年 12 月	国务院办公厅	《"十四五"现代物流发展规划》国发办〔2022〕17 号	《规划》作出六方面工作安排,包括加快物流枢纽资源整合建设、构建国际国内物流大通道、完善现代物流服务体系、延伸物流服务价值链条、强化现代物流对社会民生的服务保障、提升现代物流安全应急能力;提出三方面发展任务,包括加快培育现代物流转型升级新动能、深度挖掘现代物流重点领域潜力、强化现代物流发展支撑体系;从优化营商环境、创新体制机制、强化政策支持、深化国际合作、加强组织实施等方面,对加强实施保障提出明确要求
2022 年 12 月	中共中央、国务院	《扩大内需战略规划纲要(2022—2035 年)》	《纲要》指出,坚定实施扩大内需战略、培育完整内需体系,是加快构建以国内大循环为主体、国内国际双循环相互促进的新发展格局的必然选择,是促进我国长远发展和长治久安的战略决策 按照全面建设社会主义现代化国家的战略安排,展望 2035 年,实施扩大内需战略的远景目标是:消费和投资规模再上新台阶,完整内需体系全面建立;新型工业化、信息化、城镇化、农业现代化基本实现,强大国内市场建设取得更大成就,关键核心技术实现重大突破,以创新驱动、内需拉动的国内大循环更加高效畅通;人民生活更加美好,城乡居民人均收入再迈上新的大台阶,中等收入群体显著

续上表

发布时间	发布机构	政策名称(方向)	相关内容解读
2022 年 12 月	中共中央、国务院	《扩大内需战略规划纲要（2022—2035 年)》	扩大,基本公共服务实现均等化,城乡区域发展差距和居民生活水平差距显著缩小,全体人民共同富裕取得更为明显的实质性进展;改革对内需发展的支撑作用大幅提升,高标准市场体系更加健全,现代流通体系全面建成;我国参与全球经济合作和竞争新优势持续增强,国内市场的国际影响力大幅提升 锚定 2035 年远景目标,综合考虑发展环境和发展条件,"十四五"时期实施扩大内需战略的主要目标是:促进消费投资,内需规模实现新突破。完善分配格局,内需潜能不断释放。提升供给质量,国内需求得到更好满足。完善市场体系,激发内需取得明显成效。畅通经济循环,内需发展效率持续提升 《纲要》提出,要坚持问题导向,围绕推动高质量发展,针对我国中长期扩大内需面临的主要问题,特别是有效供给能力不足、分配差距较大、流通体系现代化程度不高、消费体制机制不健全、投资结构仍需优化等堵点难点,部署实施扩大内需战略的重点任务。加快培育完整内需体系,促进形成强大国内市场,支撑畅通国内经济循环 《纲要》还从全面促进消费、加快消费提质升级,优化投资结构、拓展投资空间,推动城乡区域协调发展、释放内需潜能,提高供给质量、带动需求更好实现等方面提出了要求

157

通过以上政策法规,我们可以明确的是虽然每个政策各有其侧重点,但是都有一个主旨,就是明确促进供应链金融发展。同样,供应链金融也在相关政策法规的"保驾护航"下更好、更快地发展起来。

13.3　供应链金融发展的中央监管趋势

供应链金融的主要服务对象是中小微型企业,通过向它们提供服务提高供应链运行效率。供应链的高效运行又促进实体经济的发展。实体经济始终是人类社会赖以生存和发展的基础,是国家立身之本、财富之源,是建设现代化经济体系的坚实基础以及构建未来发展战略的重要支撑。因此,供应链金融在发展中逐渐上升为国家战略且地位逐渐提升,国家也越来越重视对供应链金融发展的监管。

2020 年以来,世界经济越发凸显供应链金融对实体经济的重要性。国务院、中国银行保险监督管理委员会等相关政府部门频频发布利用供应链金融来促进中小微实体企业发展的政策文件,通过政策、法规来促进供应链金融健康发展。

供应链金融发展在政策法规的支持下总体呈现良好发展的态势,但是,因为供应链金融发展时间短、相关政策法规不完善等因素,供应链金融也出现了自融、过度放杠杆、超范围经营等不同程度的乱象。基于此,对供应链金融发展的中央监管总体呈现越来越严格的趋势,具体表现在以下几点:

地方金融不得跨省级行政区开展业务

2021 年 12 月 31 日,中国人民银行会同有关方面研究起草了《地方金融监督管理条例(草案征求意见稿)》(以下简称《条例》),明确地方金融监管职责,健全地方金融监管体制,提升地方金融监管效能,规范地方金融机构的经营行为。

> 《条例》第十一条第二款规定:地方金融组织应当坚持服务本地原则,在地方金融监督管理部门批准的区域范围内经营业务,原则上不得跨省级行政区域开展业务。地方金融组织跨省开展业务的规则由国务院或授权国务院金融监督管理部门制定。
>
> 《条例》第二十七条规定:地方金融组织未经批准跨省级行政区域开展业务的,由住所地地方金融监督管理部门责令限期改正,没收违法所得,并处违法所得 1 倍以上 10 倍以下的罚款;没有违法所得或者违法所得不足 50 万元的,处 50 万元以上 500 万元以下的罚款;逾期不改正或者情节严重的,由住所地地方金融监督管理部门责令停业整顿或者吊销经营许可证。

《条例》明确规定地方金融不得跨省级行政厅开展业务。与此同时,《条例》也带来了一个新问题,比如核心企业发起的保理公司、融资租赁公司、小贷公司等地方金融组织的服务对象——供应链上下游中小微企业分布在全国甚至全世界各个地方,业务必然跨省区,这种情况又该如何解决?《条例》是否影响供应链金融资产证券化的资产整理服务,仍待进一步解释和明确。这些情况真实存在,也期待能够有更好的解决方法,可以使供应链金融合规有序地发展,同时又能使其获得更多的发展空间。

关注监管机构明确列出的红线

2019 年 7 月 9 日,中国银行保险监督管理委员会发布的《中国银保监会办公厅关于推动供应链金融服务实体经济的指导意见》(银保监办发〔2019〕155 号)(以下简称《意见》)指出,银行保险机构在开展供应链金融业务时应坚持以下四个基本原则：

①坚持精准金融服务,以市场需求为导向,重点支持符合国家产业政策方向、主业集中于实体经济、技术先进、有市场竞争力的产业链链条企业。

②坚持交易背景真实,严防虚假交易、虚构融资、非法获利现象。

③坚持交易信息可得,确保直接获取第一手的原始交易信息和数据。

④坚持全面管控风险,既要关注核心企业的风险变化,也要监测上下游链条企业的风险。

同时,《中国银保监会办公厅关于推动供应链金融服务实体经济的指导意见》(银保监办发〔2019〕155号)列明了多条监管红线:禁止借金融创新之名违法违规展业或变相开办未经许可的业务;不得借供应链金融之名搭建提供撮合和报价等中介服务的多边资产交易平台。

另外,2020年9月18日,中国人民银行、工业和信息化部、司法部、商务部、国资委、市场监管总局、银保监会、外汇局等联合签发的《关于规范发展供应链金融 支持供应链产业链稳定循环和优化升级的意见》(银发〔2020〕226号)也明确了多条监管红线。

第二十一条,强化支付纪律和账款确权。供应链大型企业应当按照《保障中小企业款项支付条例》要求,将逾期尚未支付中小微企业款项的合同数量、金额等信息纳入企业年度报告,通过国家企业信用信息公示系统向社会公示。对于公示的供应链大型企业,逾期尚未支付中小微企业款项且双方无分歧的,债券管理部门应限制其新增债券融资,各金融机构应客观评估其风险,审慎提供新增融资。

第二十二条,维护产业生态良性循环。核心企业不得一边故意占用上下游企业账款、一边通过关联机构提供应收账款融资赚取利息。各类供应链金融服务平台应付账款的流转应采用合法合规的金融工具,不得封闭循环和限定融资服务方。核心企业、第三方供应链平台公司以供应链金融的名义挤占中小微企业利益的,相关部门应及时纠偏。

第二十三条,加强供应链金融业务监管。开展供应链金融业务应严格遵守国家宏观调控和产业政策,不得以各种供应链金融产品规避国家宏观调控要求。各类保理公司、小额贷款公司、财务公司开展供应链金融业务的,应严格遵守业务范围,加强对业务合规性和风险的管理,不得无牌或超出牌照载明的业务范围开展金融业务。各类第三方供应链平台公司不得以供应链金融的名义变相开展金融业务,不得以供应链金融的名义向中小微企业收取质价不符的服务费用。

科技公司与平台治理监管

科技公司从事供应链金融助贷服务的,应关注 2022 年 1 月 15 日中国银行保险监督管理委员发布的《中国银保监会关于规范银行服务市场调节价管理的指导意见》(银保监规〔2022〕2 号)。

第十八条规定:银行要建立健全服务外包管理制度,合理确定外包服务项目和形式,加强服务外包采购管理,审慎选择外包服务提供商。要在外包服务协议中列明价格条款,禁止外包服务提供商向客户收取与外包服务相关的服务费用。

　　第十九条规定:银行要建立全行统一的合作管理制度,制定合作机构名录,对具有竞争性的服务项目原则上采取公开招标方式或其他适当采购方式。要充分了解互联网平台等合作机构向客户提供的服务内容和价格标准,在合作协议中约定服务价格信息披露要求、三方争议处理责任和义务等内容,禁止合作机构以银行名义向客户收取任何费用。要持续评估合作模式,及时终止与服务收费质价不符机构的合作。

　　总之,随着供应链金融发展得越来越快,其与国家的关联也越来越密切,国家在支持帮助供应链金融发展的同时,中央监管的总体态势是严格的,但是严格是为了帮助供应链金融更有序、规范发展,以便使其获得更广阔的发展空间。

读者意见反馈表

亲爱的读者：

感谢您对中国铁道出版社有限公司的支持，您的建议是我们不断改进工作的信息来源，您的需求是我们不断开拓创新的基础。为了更好地服务读者，出版更多的精品图书，希望您能在百忙之中抽出时间填写这份意见反馈表发给我们。随书纸制表格请在填好后剪下寄到：北京市西城区右安门西街8号中国铁道出版社有限公司大众出版中心 王宏 收（邮编：100054）。此外，读者也可以直接通过电子邮件把意见反馈给我们，E-mail地址是：17037112@qq.com。我们将选出意见中肯的热心读者，赠送本社的其他图书作为奖励。同时，我们将充分考虑您的意见和建议，并尽可能地给您满意的答复。谢谢！

- -

所购书名：＿＿＿＿＿＿＿＿＿＿＿＿＿＿＿＿＿＿＿

个人资料：

姓名：＿＿＿＿＿＿＿ 性别：＿＿＿＿＿＿ 年龄：＿＿＿＿＿＿ 文化程度：＿＿＿＿＿

职业：＿＿＿＿＿＿＿＿ 电话：＿＿＿＿＿＿＿ E-mail：＿＿＿＿＿＿＿

通信地址：＿＿＿＿＿＿＿＿＿＿＿＿＿＿＿ 邮编：＿＿＿＿＿＿＿＿＿

- -

您是如何得知本书的：

□书店宣传 □网络宣传 □展会促销 □出版社图书目录 □老师指定 □杂志、报纸等的介绍 □别人推荐
□其他（请指明）＿＿＿＿＿＿＿＿＿＿＿＿＿＿

您从何处得到本书的：

□书店 □邮购 □商场、超市等卖场 □图书销售的网站 □培训学校 □其他

影响您购买本书的因素（可多选）：

□内容实用 □价格合理 □装帧设计精美 □带多媒体教学光盘 □优惠促销 □书评广告 □出版社知名度
□作者名气 □工作、生活和学习的需要 □其他

您对本书封面设计的满意程度：

□很满意 □比较满意 □一般 □不满意 □改进建议

您对本书的总体满意程度：

从文字的角度 □很满意 □比较满意 □一般 □不满意
从技术的角度 □很满意 □比较满意 □一般 □不满意

您希望书中图的比例是多少：

□少量的图片辅以大量的文字 □图文比例相当 □大量的图片辅以少量的文字

您希望本书的定价是多少：

本书最令您满意的是：

1.

2.

您在使用本书时遇到哪些困难：

1.

2.

您希望本书在哪些方面进行改进：

1.

2.

您需要购买哪些方面的图书？对我社现有图书有什么好的建议？

您更喜欢阅读哪些类型和层次的书籍（可多选）？

□入门类 □精通类 □综合类 □问答类 □图解类 □查询手册类

您在学习的过程中有什么困难？

您的其他要求：